Unser Wetter
bärenstark erklärt

Michaela Koschak

Machandel Verlag

Für Deirdre

Machandel Verlag Charlotte Erpenbeck
Haselünne
Cover gestaltet mit Bildern von www.shutterstock.com
Bärenmotiv auf dem Cover und im Buch: Cory Thoman, www.shutterstock.com
Stadt-Motiv auf der Leinwand (Cover-und Titel-Bestandteil): uneeenesanweeraphon. www.shutterstock.com
Druck: KDD Kompetenzzentrum Digital-Druck GmbH, Nürnberg
1. Auflage März 2013
ISBN 978-3-939727-25-5

Inhaltsverzeichnis

Einführung

Warum ist der Himmel blau und Schnee weiß? Wieso bestehen Wolken nicht aus Zuckerwatte? Und warum hat ein Hurrikan ein Auge und sieht trotzdem nichts? Diese und viele andere Fragen beantwortet Michaela Koschak seit Jahren im Kinderwetter im MDR-Fernsehen. In diesem Buch hat sie die wichtigsten und spannendsten Wetterphänomene auf einen Blick zusammengefasst. Anschaulich erklärt, mit zahlreichen Fotos und mit Anleitungen für eigene Experimente.

Michaela Koschak ist Diplom-Meteorologin. Seit 2002 moderierte sie verschiedene Wettersendungen, zunächst beim SFB in Berlin, dann beim MDR in Leipzig. 2008 entwickelte sie das Kinderwetter, eine vierminütige Wettererklärsendung für Kinder. Das Kinderwetter läuft immer samstags vor dem Sandmann um kurz vor Sieben Uhr im MDR-Fernsehen.

Zusätzliche Informationen, die dieses Buch ergänzen, finden sich auf ihrer Webseite **www.michaelakoschak.de/buecher/.**

In den Seitenspalten dieses Buches wirst du zusätzliche Bilder und Erklärungen finden.

Außerdem beschreibe ich dir hier einige interessante Experimente, die du zu Hause alleine oder mit Hilfe deiner Eltern durchführen kannst.

Was ist überhaupt "das Wetter"?

Wenn man Wetter im Lexikon nachschlägt, erfährt man dort, dass das Wetter der augenblickliche Zustand der unteren Atmosphäre zu einer bestimmten Zeit an einem bestimmten Ort ist. Dieser Zustand wird beschrieben durch verschiedene Merkmale wie Temperatur, Wind, Luftdruck, Luftfeuchtigkeit, Bewölkung oder Niederschlag.

Das klingt sehr wissenschaftlich und kompliziert. Dich interessieren vermutlich eher ganz andere Fragen. Warum ist der Himmel blau und der Regenbogen rund? Wieso blitzt es manchmal, ohne zu donnern? Solche und andere Fragen hast du dir doch sicher schon mal gestellt. Meistens können Mama oder Papa ja die Antworten geben. Weil es aber so viele verschiedene Ursachen für das Wettergeschehen gibt, sind auch sie manchmal ratlos. Vielleicht geben sie dir den Tipp, im Internet zu googeln oder den schlauen Onkel in Bremen anzurufen, der immer alles weiß. Jetzt habe ich noch eine andere, einfachere Lösung für dich: lies dieses Buch.

In diesem Buch erzähle ich dir zunächst, wie man Wettererscheinungen misst. Danach erkläre ich dir, wie das Wetter entsteht. Das Wetter ist deshalb manchmal so geheimnisvoll, weil alles miteinander zusammenhängt und ineinander verstrickt ist. Regen gibt es nicht ohne Wolken und blauen Himmel nicht ohne Sonnenschein und Wolken nicht ohne Sonne. Es ist nicht immer ganz leicht, dieses komplizierte Geschehen am Himmel, das sich Wetter nennt, zu verstehen.

Ich werde dir das meiste aber sehr einfach erklären können. Dabei unterstützt mich der schlaue Bär Bruno an besonders schwierigen Stellen.

Du musst natürlich nicht das ganze Buch auf einmal lesen. Jedes Kapitel hat ein eigenes Thema. In vielen Kapiteln findest du auch kleine Experimente, die du zu Hause selbst durchführen kannst. Die helfen dir, dass du dir besser vorstellen kannst, wie das Wetter entsteht und wie wir Menschen uns über das Wetter verständigen können.

Natürlich kannst du den freien Platz in diesen Randspalten auch dazu benutzen, dir einige Notizen zu machen.

Oder du machst selbst einige Wetterbilder und klebst die Fotos hier hinein.

Außerdem habe ich viele Tipps für dich, wie du selbst kleine Wettervorhersagen machen kannst. Dann weißt du schon vor deinen Freunden, wie sich das Wetter wahrscheinlich entwickeln wird.

Ich wünsche dir viel Spaß beim Lesen und beim Experimentieren!

Deine Michaela

Was ist eine Wetterhütte?

Damit du verstehst, wie das Wetter funktioniert, müssen wir erst mal die Merkmale, die das Wetter ausmachen, kennenlernen. Hier im ersten Kapitel möchte ich dir zeigen, wie man diese Wettermerkmale misst. Denn ohne genaue Messdaten kann man das aktuelle Wetter nicht richtig bestimmen, und ohne das aktuelle Wetter genau zu kennen, sind keine richtigen Wettervorhersagen möglich.

Wetterhütten
Bildquelle:
gyn9037
www.shutterstock.com

Es gibt Geräte, sogenannte Messinstrumente, die die Wettermerkmale aufzeichnen. Solche Geräte befinden sich in Wetterhütten. In einer Wetterhütte wird das aktuelle Wettergeschehen gemessen.

So eine Wetterhütte ist also keine Hütte in der das Wetter wohnt. Obwohl man eine ganze Menge über das Wetter erfährt, wenn man in eine Wetterhütte reinschaut, so, wie du bei deinem besten Freund auch eine ganze Menge über ihn erfährst, wenn du ihn in seinem Zimmer besuchst.

Auf dem Foto kannst du erkennen, wie eine Wetterhütte aussieht. Sie ist ein kleiner weißer Kasten auf Stelzen oder auf einem Pfahl. Obwohl sie Hütte heißt, ist sie viel kleiner als ein Haus. Sie hat eher die Größe eines ausgewachsenen Vogelhäuschens. Solche Wetterhütten stehen überall auf der Welt.

**Bruno fragt:
Wie kann man
Sonnenlicht spei-
chern, und wie wird
es reflektiert?**

Wenn die Sonne scheint, strahlt sie alles an, was ihr gerade in den Weg kommt. Dabei heizen sich verschiedene Stoffe unterschiedlich stark auf. Gras zum Beispiel wird kaum warm. Stein oder Beton dagegen schon mehr, Metall kann sogar richtig heiß in der Sonne werden.

Auch Farben reagieren unterschiedlich: Wenn du im Sommer bei sehr hohen Temperaturen dunkle Kleidungsstücke anhast, wirst du sehr schnell schwitzen. Kleidest du dich dagegen mit hellen Sachen, wirst du gut durch diesen heißen Sommertag kommen. Deshalb tragen Menschen, die in der Wüste wohnen, häufig weiße Kleidung.

Vielleicht wunderst du dich, dass Wüstenbewohner trotz der Hitze meist langärmlige Hemden oder Gewänder tragen und sogar noch ihren Kopf bedecken. Das hängt damit zusammen, dass sie sich mit den langen, weiten Ärmel vor

Allerdings stehen diese Wetterhütten nicht einfach irgendwo. Wenn möglich sollten sie auf einem Stück Wiese oder Rasen platziert sein. Das ist sehr wichtig, denn auf Beton zum Beispiel würde sich die Wetterhütte bei Sonnenschein aufheizen und nicht mehr die richtigen Temperaturen messen.

Dieses Phänomen kannst du selbst mal ausprobieren: Setze dich an einem heißen Sommertag bei praller Sonne auf eine Wiese. Es wird ein Genuss sein. Versuche das dagegen auf einer Steinmauer oder auf Betonboden, der möglicherweise noch schwarz angestrichen ist, dann wirst du dir ordentlich den Po verbrennen. Beton oder dunkle Oberflächen speichern die Sonnenwärme, heizen sich schnell auf und sind deshalb nichts für heiße Sommertage.

Und dazu kommt auch schon die erste Erklärung

von unseren schlauen Bären Bruno

im Seitenkasten.

Auf Rasen wird also die gemessene Temperatur in einer weiß angemalten Wetterhütte am wenigsten verfälscht. Zudem ist die Wetterhütte ein Lamellenkasten. Die Wände des Wetterhüttenkastens wirken daher wie eine Jalousie an einem Fenster. Es sind kleine

Brettchen, die quer stehen, so dass sie zwar Luft, aber keine Sonne hineinlassen. So ist die Wetterhütte gut durchlüftet.

Man kann übrigens solch eine Wetterhütte auch Klimahütte oder Thermometerhütte nennen. Die Wetterhütte ist, wie schon gesagt, vollgepackt mit Messinstrumenten, die für Wettervorhersagen sehr wichtig sind. Die Daten, die dort gemessen werden, bekommt ein riesiger Computer. Der berechnet dann das Wetter für morgen und die nächsten Tage.

Der Kasten der Wetterhütte, in dem die vielen Messinstrumente wohnen, befindet sich überall auf der Welt immer in zwei Meter Höhe. Das ist so festgelegt und sehr wichtig, damit man die Messdaten miteinander vergleichen kann. Wenn die eine Wetterhütte in nur einem Meter Höhe steht und eine andere Wetterhütte drei Meter hoch gebaut wurde, dann werden die beiden Wetterhütten unterschiedliches Wetter messen. Und das selbst dann, wenn sie in derselben Straße, im selben Garten und auf demselben Rasen stehen.

Das liegt daran, dass sich die Temperatur mit der Höhe verändert. Am Erdboden ist es am Tage normalerweise am wärmsten, mit der Höhe wird es zunehmend kälter. Das merkst du, wenn du Urlaub in den Bergen machst. Im Tal ist es noch schön warm und angenehm, wenn du aber auf einen Berggipfel wanderst, dann wird es deutlich frischer. Wenn nun ein Thermometer in einem Meter Höhe steht und das andere in drei Meter Höhe, dann kann man diese Werte nicht sinnvoll miteinander vergleichen. Das ist, als ob man Äpfel mit Birnen vergleicht. Und deshalb ist der Wetterhüttenkasten überall auf der Welt in zwei Metern Höhe aufgebaut.

Sonnenbrand schützen. Und die Kopfbedeckung schützt sie vor einem Sonnenstich.

Bedouinen-Reiter in der Wüste
Bildquelle:
Armond Point 1861-1932
www.visipix.com

Bruno fragt: Wie funktioniert ein Feuchtthermometer (Psychrometer)?

Es ist ein normales Thermometer. Allerdings steckt das untere Ende des Thermometers in einer nassen Socke. Wenn jetzt Luft um diesen nassen Fuß strömt, verdunstet etwas Wasser. Dazu ist Energie nötig und diese Energie wird der umgebenden Luft entzogen. Dadurch ist die Feuchttemperatur fast immer

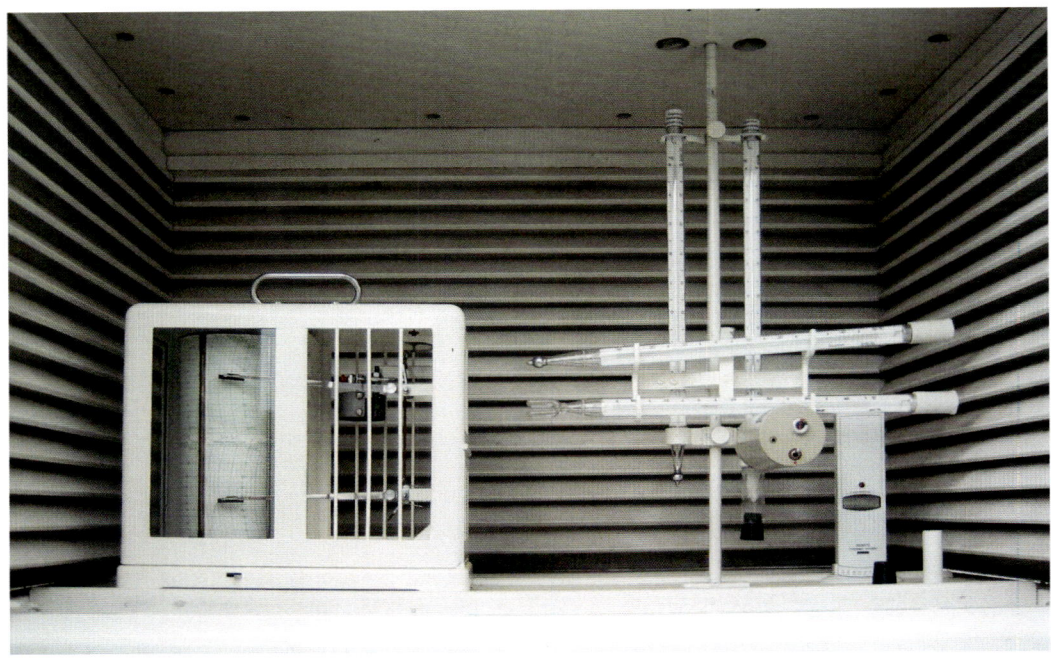

Wetterkasten Bildquelle: Wetterstation Bocholt / www.wikipedia.org
Psychrometer Bildquelle: www.wikipedia.org
Thermometer Bildquelle: sagit / www.shutterstock.com

Psychrometer

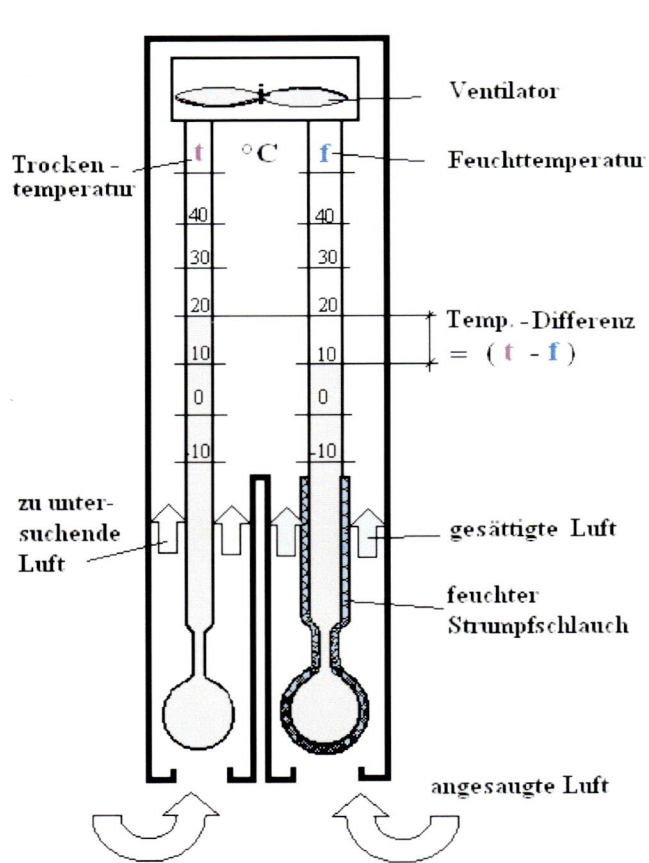

Ventilator

Trocken-temperatur · t · °C · f · Feuchttemperatur

Temp.-Differenz = (t - f)

zu untersuchende Luft

gesättigte Luft

feuchter Strumpfschlauch

angesaugte Luft

In dem Kasten befinden sich vier Thermometer:

Einmal gibt es dort ein ganz normales Thermometer, wie es vielleicht auch vor eurem Küchenfenster oder auf eurer Terrasse hängt.

Zudem gibt es ein Minimum-Thermometer. Mit dem wird die tiefste Temperatur der Nacht ermittelt.

Außerdem haben wir ein Maximum-Thermometer. Damit misst man die höchste Temperatur des Tages.

Und dann gibt es noch ein sogenanntes Feuchtthermometer. Dieses Thermometer steckt in einen kleinen feuchten Strumpfschlauch, hat also quasi immer nasse

Füße. Die Temperatur, die hier gemessen wird sagt etwas über die Luftfeuchtigkeit aus.

In einer Wetterhütte gibt es zudem noch einen Thermohydrographen.

Dieses Gerät erfasst rund um die Uhr die Temperatur und die relative Luftfeuchtigkeit. Es zeichnet zwei Linien mit Messwerten auf ein Blatt Papier. Damit kann man dann sehr schön sehen, wie sich zum Beispiel nach heftigem Regen die Luft durch den Regenguss in kurzer Zeit stark abgekühlt hat und wie gleichzeitig die Luftfeuchtigkeit deutlich angestiegen ist. Dieser Thermohydrograph muss einmal pro Woche aufgezogen werden, wie eine altmodische Uhr. Außerdem wird einmal in der Woche ein neuer Papierstreifen eingelegt. Sonst wird die Temperatur- und relative Luftfeuchtigkeitskurve der letzten Woche übermalt. Und dann kann man nichts mehr erkennen.

Das sind die Geräte, die sich normalerweise in einer Wetterhütte befinden – damit bekommt man schon eine ganze Menge über das aktuelle Wetter heraus. Und wenn du die etwas komplizierteren Sachen wie Feuchtthermometer verstehst, bist du selbst schon ein halber Wetterfrosch. Das wissen nicht einmal die meisten Erwachsenen. Es sei denn, du lässt sie mit in dieses Buch schauen.

Aber die Informationen aus der Wetterhütte allein reichen nicht aus, um das Wetter für die kommenden Tage vorherzusagen. In die Riesenmonstercomputer, die das Wetter für die Zukunft berechnen, gehören noch mehr Informationen. Zum Beispiel über Wind, Luftdruck, Sonnenscheindauer und... und... und.

niedriger als die normale Temperatur. Die einzige Ausnahme ist bei Nebel, denn dann ist nicht nur die Socke feucht, sondern die ganze Luft rund um das Thermometer. Normalerweise misst also das trockene Thermometer immer eine etwas höhere Temperatur als das feuchte. Wenn du nun diese Feuchttemperatur von der normalen Temperatur abziehst, erhältst du einen Wert, mit dem man die relative Luftfeuchtigkeit ausrechnen kann. Sie wird in Prozent angegeben, und sagt, wie viel Wasser in der Luft ist.

Davon hast du sicher schon gehört: Wenn im Sommer die relative Luftfeuchtigkeit sehr hoch ist, dann ist es schwül draußen, und die Hitze ist unangenehm drückend. Wenn dagegen die relative Luftfeuchtigkeit zum Beispiel nur bei etwa 20 Prozent liegt, dann kann man auch große Hitze gut aushalten.

Automatische Wetterstation
Bildquelle: Marafona
www.shutterstock.com

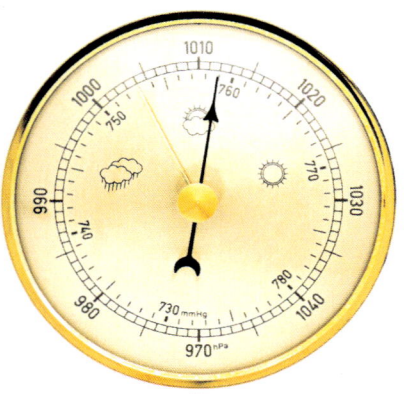

Barometer
Bildquelle: Artur Synenko
www.shutterstock.com

Anemometer
(misst die Windgeschwindigkeit)
Bildquelle: pjcross www.shutterstock.com

Dafür gibt es neben den Wetterhütten sogenannte Wetterstationen. Sie ähneln den Wetterhütten ein bisschen, sammeln aber noch viele andere Wetterdaten.

Als erstes haben wir natürlich eine Temperaturmessstelle. Dabei wird zum einen die „ganz normale" Temperatur in zwei Metern Höhe gemessen. Zudem gibt es in der Wetterstation zusätzlich einen kleinen Temperaturfühler in fünf Zentimetern Höhe. Mit seiner Hilfe lässt sich feststellen, ob es zum Beispiel in der vergangenen Nacht Bodenfrost gab. Wichtig ist allerdings, dass dieser Temperaturfühler immer „freigelegt" ist. Er darf nicht mit Gras überwachsen sein oder im Winter im Schnee versinken. Das würde die Messwerte verfälschen, weil es unter Gras im Sommer kühler und unter Schnee im Winter wärmer ist.

Außerdem haben wir in einer Wetterstation ein Barometer. Damit wird der Luftdruck ermittelt. Wenn er hoch ist, gibt es in der Regel schönes Wetter. Wenn das Barometer tiefe Werte anzeigt, ist es meist ziemlich wechselhaft, wolkenreich und nass. Vielleicht hast du zu Hause auch ein Barometer an der Hauswand hängen. Neben vielen Zahlen stehen darauf meistens auch Beschreibungen wie „schön" und „wechselhaft". Das macht das Ablesen leichter.

Eine Wetterstation meldet zudem die Sonnenscheindauer. Wenn es einen strahlend blauen Himmel gibt, werden pro Stunde 60 Minuten Sonnenschein registriert. Wenn Wolken am Himmel langziehen, natürlich entsprechend weniger.

Zudem haben wir noch den Windmesser, der die Windrichtung, aber auch die Windgeschwindigkeit aufzeichnet.

Ein anderes Instrument ist der so genannte Niederschlagswächter. Der heißt nicht nur so, sondern er wacht wirklich über den Regen. Er sieht aus wie eine Gabel ohne die mittleren beiden Zinken, also quasi wie der Buchstabe „U" am Stiel. Eine Lichtschranke registriert, ob es in der letzten Minute geregnet hat. Besser gesagt, sie misst, ob kleine Teilchen durch die Lichtschranke gefallen sind. Der Niederschlagswächter unterscheidet also nicht, ob es Regen, Schnee, Hagel oder Graupel war. Aber er stellt fest – irgendetwas Nasses ist vom Himmel gefallen.

Regenmesser oder Regenpott
Bildquelle:
aquariagirl 1970
www.shutterstock.com

Um zu wissen, wieviel Regen heruntergekommen ist, gibt es außerdem einen sogenannten „Regenpott". Der ermittelt genau die Menge Regen, die eine Regenwolke abgesondert hat. Dabei besitzt der Regenpott eine Heizung, die Schnee und Eis schmilzt, damit auch im Winter, wenn es schneit, gemessen werden kann, wieviel Niederschlag zusammengekommen ist. Als Niederschlag bezeichnen wir Wetterfrösche nämlich alle Dinge, die aus den Wolken fallen: Regen, Schnee, Graupel, Hagel, Nieselregen und Schneegriesel. Nur wenn Mama aus allen Wolken fällt – dann ist das etwas anderes!

Außerdem haben die Wetterstationen noch einen Globalstrahlmesser. Das hört sich recht kompliziert an, ist es aber gar nicht. Damit wird gemessen, wieviel von der Sonnenenergie am Standort der Wetterstation ankommt. Das ist zum Beispiel für den Bau von Solaranlagen wichtig.

So, nun haben wir eigentlich alle Wetterwerte zusammen, die eine Wetterstation misst. Die meisten Wetterstationen arbeiten automatisch. Aber es gibt auch noch ein paar bemannte Wetterstationen. Dort

Solaranlage
Bildquelle:
Monkey Business Images
www.shutterstock.com

**Bruno stellt vor:
Natürliche Hygrometer**

Nicht nur mit Technik bekommst du Wetterinformationen. Hohe Luftfeuchtigkeit zum Beispiel zeigen dir auch Kiefernzapfen an. Das hast du bestimmt schon mal im Wald beobachtet: An nassen Tagen mit hoher Luftfeuchtigkeit sind fast alle Kiefernzapfen geschlossen, an trockenen schönen Tagen weiten sie sich dagegen stark.

Bildquelle: Anna Kucherova
www.shutterstock.com

Die beste Zeigerpflanze für Luftfeuchtigkeit und drohenden Regen ist aber die Wetterdistel. Der ein

Große bemannte Wetterstation auf der Zugspitze. Bildquelle: daumiu / www.shutterstock.com

sitzt ein Meteorologe, der jede Stunde zur Wetterstation geht und alle Werte abliest, die die Wetterstation misst. Außerdem schaut er, in welcher Höhe Wolken sind und wie weit man gucken kann, also wie gut die Sicht ist. Viermal am Tag misst er im Winter die Schneehöhe. Der Meteorologe an der Wetterstation hat also eine Menge zu tun.

Allerdings ist das Ganze sehr teuer, denn der Meteorologe muss bezahlt werden, er lebt ja schließlich von seinem Beruf. Er kann auch nicht 24 Stunden am Stück arbeiten. Deshalb muss es mehrere Meteorologen für eine Wetterstation geben, und die kosten zusammen wirklich viel Geld.

Darum sind die meisten Wetterstationen auf der Welt automatische Wetterstationen, die ihre Daten in kurzen Zeitabständen messen und an einen Computer zur Auswertung weiterleiten. So kann ich als Fernsehwetterfrosch in meinem Computer sehen, wie im Moment das Wetter in Afrika oder am Nordpol oder bei dir in der Gegend ist. Das ist sehr praktisch. Natürlich müssen wir Meteorologen die automatischen Wetterstationen immer mal wieder kontrollieren und säubern. In Deutschland existieren über 1200 Wetterstationen.

Das ist eine ganze Menge. Aber das ist auch gut so, denn je mehr Wetterstationen es gibt, desto besser sind die Wettervorhersagen. Je mehr Daten an den Monstercomputer geliefert werden, der das Wetter für die nächsten Tage berechnet, desto genauer ist die Vorhersage.

Sich zu Hause eine eigene Wetterhütte zuzulegen, ist etwas aufwendig und zu teuer. Aber ein Thermometer am Fenster ist schon sehr praktisch. Dort misst es zwar nicht genau, aber zumindest kann man dann morgens mit einem Blick sehen, wie man sich anziehen sollte.

Wenn deine Eltern dir jetzt noch ein Barometer spendieren (das Gerät, mit dem du den Luftdruck messen kannst), dann bist du schon gut ausgerüstet für deine ersten Versuche als Wetterfrosch.

Bildquelle:
www.colorstockphoto.com

oder andere kennt sie vielleicht auch unter dem Namen Silberdistel. Wetterdistel ist aber der passendere Name. Diese Pflanze ist nämlich ein natürliches Hygrometer, ein Luftfeuchtigkeitsmessgerät. Wenn die Luft sehr feucht wird und Regen naht, dann krümmen sich die großen äußeren Blütenblätter der Pflanze, die Hüllblätter, und verstecken die Blüten oder später Samenstände. Ein natürlicher Regenschirm, sozusagen. Aber auch wenn einfach nur trübes, graues Novemberwetter ist, also die Luftfeuchtigkeit sehr hoch ist, verhüllen die äußeren Blätter die Blüten.

Kleines Experiment: Korrekte Temperaturmessung

Du kannst selbst mal den Unterschied zwischen der Temperatur eines Thermometers an einer Hauswand und einer korrekten Temperaturmessung herausfinden. Du wirst dich wundern, was es da für Unterschiede gibt, vor allem im Sommer, wenn die Sonne viel Kraft hat und eine Hauswand ordentlich aufheizt.

Dazu brauchst du ein Thermometer, das du an einer Leiter, zum Beispiel mit einem Draht, in zwei Meter Höhe befestigt. Die Leiter sollte im Schatten stehen, beispielsweise im Schatten eines Baumes. Dort ist das Thermometer auch gut belüftet.

Jetzt lese hier die Temperatur ab, und dann gehe zu deinem normalen Thermometer, das an einer Hauswand befestigt ist und hoffentlich auch im Schatten hängt. Vor allem bei praller Sonne im Sommer, sowie morgens nach einer sternenklaren Nacht, wird der Unterschied einige Grade betragen.

Der Grund liegt in der Fähigkeit der Steine, Wärme zu speichern. Dadurch speichert die Hauswand die Sonnenenergie und die Wärme des Tages sehr lange.

Warum ist die Sonne so wichtig?

Schon im ersten Kapitel haben wir immer wieder die Sonne erwähnt. Sie übernimmt eindeutig die Hauptrolle beim Wetter.

Jeder kennt die Sonne, und die meisten von uns haben sie gern. Weißt du noch, als du ganz klein warst und dein erstes Bild gemalt hast? Darauf war wahrscheinlich auch die Sonne zu sehen. Meistens sieht man sie auf Kinderbildern oben in der Ecke als gelben Ball mit hellen Strahlen. Tatsächlich ist sie auch in Wirklichkeit bei schönem Wetter der helle Ball am Himmel, der uns Wärme und Licht spendet.

Ohne die Sonne wäre auf der Erde nichts so, wie es ist. Es wäre bitterkalt. Die Temperatur würde minus 270 Grad Celsius betragen. Solche Werte kann man sich eigentlich gar nicht vorstellen. Minus zehn Grad sind im Winter schon bitterkalt und nun noch 260 Grad weniger - im Vergleich dazu ist es ja sogar im Tiefkühlschrank kuschelig warm. Bei Temperaturen von minus 270 Grad wäre auf der Erde kein Leben möglich. Wie gut, dass es die Sonne gibt, die uns mit lebensnotwendiger Wärme versorgt.

Und damit diese Wärme nicht verloren geht, existiert rund um die Erde eine durchsichtige, kilometerdicke Hülle, die Atmosphäre. Über dem Nord- und Südpol reicht sie bis in eine Höhe von etwa elf Kilometern. Über dem Äquator ist die Atmosphäre sogar noch dicker, nämlich bis zu 16 Kilometer.

Eiskristalle
Bildquelle:
Andrey Shadrin
www.shutterstock.com

Bruno fragt: Wer oder was ist die Sonne eigentlich genau?

Die Sonne ist eigentlich ‚nur' ein Stern. Das hört sich zunächst merkwürdig an. Die Sterne, die wir nachts am Himmel sehen, sind im Vergleich zur Sonne doch nur winzig kleine Punkte. Das liegt aber nur daran, dass sie sehr viel weiter entfernt von uns sind als die Sonne. Du kennst das doch auch von Häusern, Bäumen oder Bergen. Von weitem sehen sie klein aus. Erst wenn man ganz nah dran ist, merkt man, wie riesig sie wirklich sind. Sonne und Erde sind hundertfünfzig Millionen Kilometer voneinander entfernt. Im Vergleich: Diese so riesig aussehende Entfernung schafft das Licht in nur acht Lichtminu-

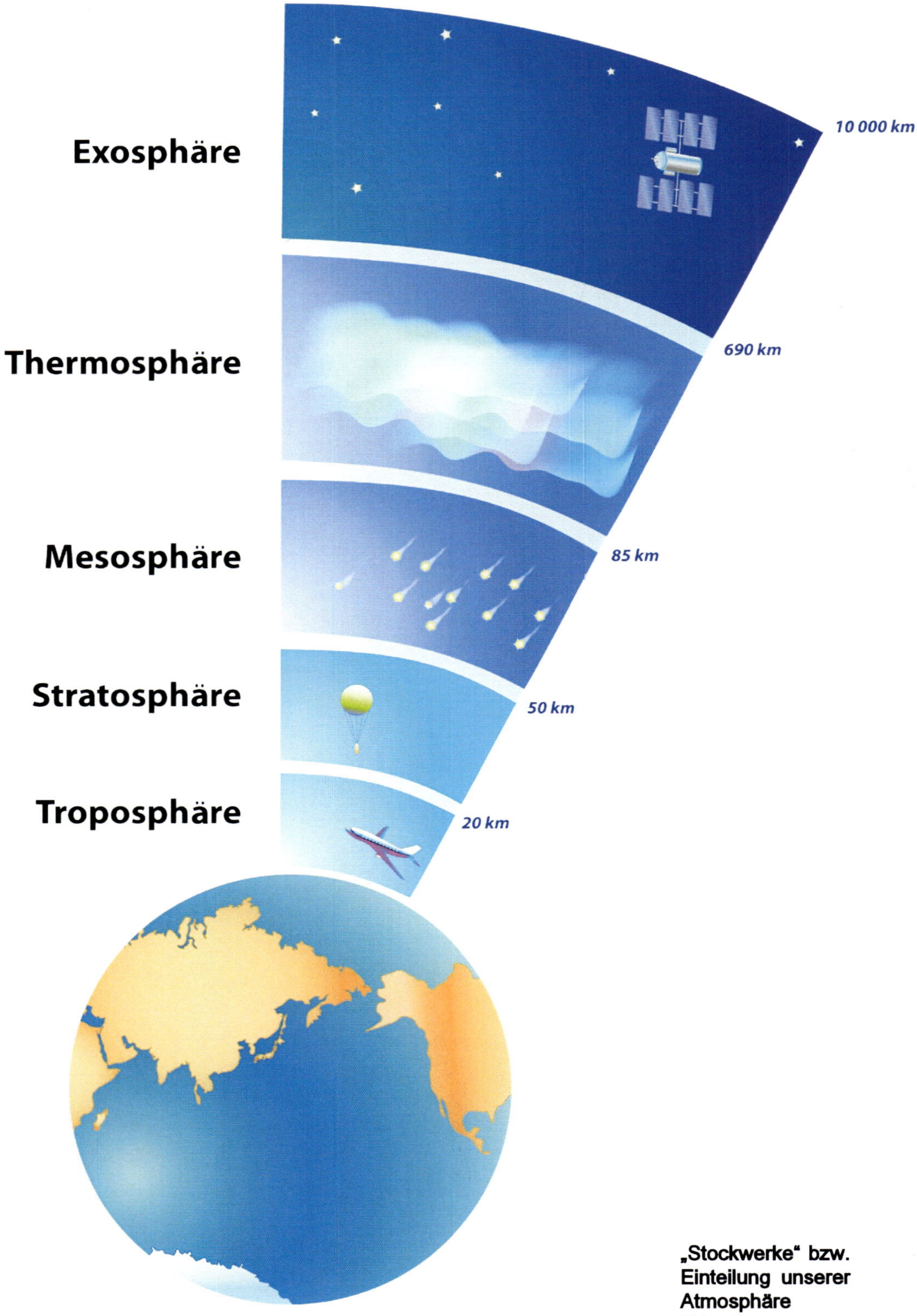

Exosphäre

Thermosphäre

Mesosphäre

Stratosphäre

Troposphäre

10 000 km

690 km

85 km

50 km

20 km

„Stockwerke" bzw. Einteilung unserer Atmosphäre
Bildquelle:
Zhabska Tetyana
www.shutterstock.com

20

Sie ist wie ein warmer Mantel. In ihr wird die Sonnenenergie, die uns erreicht, gespeichert. Ohne die Atmosphäre hätten wir eine Durchschnittstemperatur von minus drei Grad Celsius. Auch das wäre zu kalt zum Leben. Dank Sonne und Atmosphäre ist es also deutlich wärmer – es herrscht im Mittel auf der Erde eine Temperatur von 15 Grad Celsius. Das ist ein Durchschnittswert. Am Nordpol ist es natürlich kälter und am Mittelmeer oder am Äquator ist es wärmer. Aber mit solch einer mittleren Temperatur können wir Menschen es auf der Erde gut aushalten, und auch die Tiere und die vielen Pflanzen.

Sonne und Planeten im Größenvergleich.   Bildquelle: NASA

Also: Die Sonne ist zum Leben wichtig. Und sie macht unser Wetter. Das hört sich komisch an, aber ohne Sonne würde es keine Wolken, keinen Regen und auch keinen Regenbogen geben. Das Wetter ist wie eine riesige Maschine, und die Sonne ist ihr Motor. So wie euer Auto nicht ohne Motor fahren könnte, würde es auch kein Wetter auf der Erde geben ohne die Sonne.

Die Sonne scheint auf die Erde und erwärmt sie. Dabei bekommt die Äquatorregion das ganze Jahr über gesehen die meiste Sonnenmenge ab. Hier ist es durchweg hochsommerlich warm.

ten. Der nächste andere Stern, er nennt sich Alpha Centauri, ist etwas über 4 Lichtjahre weit weg.

Die Sonne hat einen Durchmesser von 1,4 Millionen Kilometern. Das ist 109 mal so groß, wie die Erde. Sie ist damit der größte Himmelskörper in unserem Sonnensystem. Und damit auch das Zentrum. Die Erde und alle anderen Planeten kreisen um die Sonne.

Sie gibt uns nicht nur Licht, sondern hält uns auch warm. Die Oberflächentemperatur der Sonne beträgt fast 6000 Grad Celsius. Das ist unglaublich heiß. Heiß genug, dass ein Auto sofort zu Brei zerlaufen würde. Kochendes Wasser hat "nur" 100 Grad. Und daran kann man sich schon böse verbrennen.

Aber die Wärme der Sonne hat es ja auch weit bis zu uns. Und weil sie so heiß ist, kann sie uns trotz der Entfernung so viel Licht und Wärme schicken. Sie ist praktisch ein riesiger Ball Energie, der da im Weltall herumschwirrt. Sonnenenergie halt!

Am Nord- und Südpol dagegen ist es ein halbes Jahr jeweils sonnenscheinreich und ein halbes Jahr sonnenscheinarm, also fast durchweg dunkel. Man sagt dazu Polartag und Polarnacht. (siehe den Erklär-Kasten). Insgesamt kommt hier deutlich weniger Sonnenenergie an als am Äquator, weil sie tief am Horizont steht und weniger Kraft hat, deshalb ist es hier allgemein viel kälter.

Das Wetter hat wie alles auf der Welt eine Rolle. Seine Aufgabe ist es, die Temperaturunterschiede, die durch das unterschiedliche Bescheinen der Sonne entstehen, auszugleichen. Die Natur liebt nämlich das Gleichgewicht. Sie möchte eigentlich, dass es überall auf der Erde gleich warm ist. Wir mögen es ja auch nicht, wenn wir kalte Füße und gleichzeitig einen heißen roten Kopf haben. Von Kopf bis Fuß angenehm gleichmäßig temperiert fühlen wir uns wohler.

Bei dieser schwierigen Aufgabe, die Temperaturen auszugleichen, hilft dem Wetter der Wind. Er pustet warme Luft Richtung Nord- und Südpol und kalte Luft in Richtung Äquator. Obwohl der Wind immer

Bruno fragt:
Was ist ein Polartag, und warum ist es bei uns im Sommer warm und im Winter kalt?

Die Erde wandert einmal im Jahr im um die Sonne. Dabei hängt die Achse der Erde ein bisschen schief. Ihre Neigung beträgt 23,5 Grad. Du kannst diese Neigung an jedem Globus sehen. Diese schiefe Achse ist dafür verantwortlich, dass es bei uns Jahreszeiten gibt. Durch diese Stellung der Erde erreicht uns im Sommer viel mehr Sonnenenergie als im Winter, deshalb ist es hier im Sommer wärmer.

Rund um den Äquator dagegen ist es das ganze Jahr über sommerlich heiß - hier kommt alle 365 Tage gleich viel Energie an.

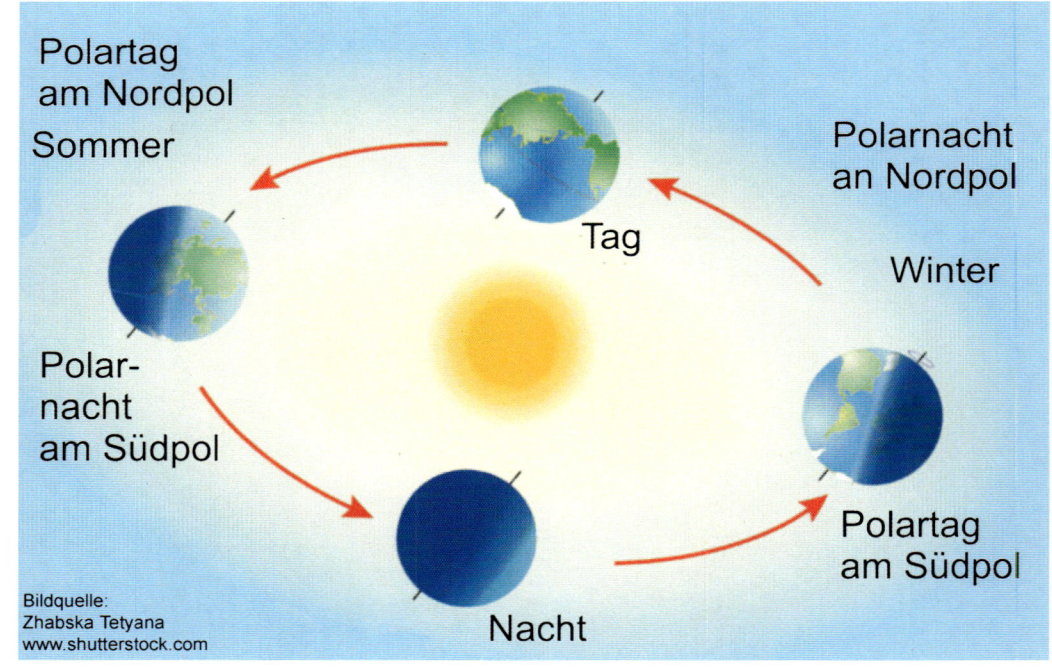

Polartag am Nordpol Sommer

Polarnacht an Nordpol

Winter

Tag

Polarnacht am Südpol

Polartag am Südpol

Nacht

Bildquelle:
Zhabska Tetyana
www.shutterstock.com

irgendwo fleißig pustet – er schafft es nie, dass es überall gleich warm ist. Und irgendwie wäre das auch langweilig. Aber die Natur versucht trotzdem, ein Gleichgewicht hinzubekommen. Deswegen gibt es mal viel Wind und mal wenig Wind. Und bei all der Bewegung von Wind und kalter und warmer Luft entsteht das Wetter.

Das sehen wir uns jetzt genauer an. Also: Die Sonne sorgt für unterschiedliche Temperaturen auf der Erde. Der Wind versucht, die Temperaturen auszugleichen, indem er warme und kalte Luft hin und her bläst.

Dabei entstehen über warmen Flächen Tiefdruckgebiete. Über kälteren Flächen entwickeln sich Hochdruckgebiete. Und dann bilden sich Wolken, Regen, Schnee, Gewitter, manchmal auch Hurrikans oder andere Wirbelstürme. Das Wetter ist geboren. Wie das genau mit den Hoch- und Tiefdruckgebieten oder mit den Hurrikans funktioniert, dazu erfährst du in anderen Kapiteln mehr.

Kleines Experiment: Tag und Nacht

Du brauchst eine Taschenlampe und einen Globus. Schalte deine Taschenlampe ein. Sie ist jetzt die Sonne. Wenn du nun den Globus drehst, bescheint deine Taschenlampen-Sonne immer nur eine Hälfte der Erde. Dort ist dann gerade Tag. Die andere Erdhälfte liegt im Schatten, hier herrscht tiefe Nacht.

Bildquelle: Anton Balazh / Weltkugel und littlewormy / Taschenlampe, www.shutterstock.com

Anders sieht es an den Polen aus. Jeder Pol ist ein halbes Jahr lang komplett von der Sonne weggedreht und bleibt während dieser Zeit düster und kalt. Ein halbes Jahr lang herrscht hier die Polarnacht. Gleichzeitig ist der andere Pol ein halbes Jahr lang der Sonne zugedreht und durchgehend hell, es wird auch nachts nicht dunkel. Hier herrscht der Polartag. Und alle halbe Jahre wechseln die beiden Pole sich zwischen Polartag und Polarnacht ab.

Zudem dreht sich einmal am Tag die Erde um sich selbst, dadurch bekommen wir Tag und Nacht. Abends wird es dunkel, scheinbar verschwindet die Sonne am Horizont. In Wirklichkeit dreht sich die Erde aber einfach nur weiter, sodass wir die Sonne nicht mehr sehen können. Auf der anderen Seite der Erde, z.B. in Australien, geht die Sonne dann auf und der Tag beginnt.

Jetzt weißt du also, was ein Polartag ist, warum es bei uns im Sommer wärmer als im Winter ist und warum es Tag und Nacht gibt.

Woher weht der Wind?

Der Wind spielt also neben der Sonne die zweitwichtigste Rolle beim Wetter. Im normalen Leben denkt man über den Wind eigentlich nicht viel nach. Es gibt ihn einfach, oder es ist windstill. Aber beim Wettermachen ist er schon enorm wichtig. Der Wind ist der fleißige Arbeiter, er transportiert das Wetter. Er schiebt Wolken von A nach B und bläst warme oder kalte Luft in andere Regionen.

Uns Menschen kann der Wind ab und zu auch mal nerven. Im Winter ist er oft schneidend kalt. Dann weht der Wind uns um die Ohren und lässt uns frieren. Aber auch im Sommer, bei aufziehenden heftigen Gewittern, kann der Wind sehr unangenehm werden. Er frischt auf, wird plötzlich ganz stark und fängt an, alles weg zu blasen. Dann muss die Gartenparty schnell ins Haus verlegt werden, bevor der Wind Würstchen vom Grill weht. Solche Windböen sind nicht nur lästig, sie können auch gefährlich werden.

Richtig schlimm wird der Wind bei Sturm- und Orkantiefs oder Hurrikans. Dann ist er nicht mehr das Normalste der Welt, sondern kann richtig bedrohlich werden.

Aber aus welcher Richtung weht der Wind, und warum? Darüber macht man sich eher weniger Gedanken. Mal kommt er halt von rechts, dann von links und beim Fahrradfahren leider meistens von

Du kannst selbst Wind machen! Puste einen großen Luftballon auf.

In diesem Luftballon herrscht durch dein Hereinpusten hoher Luftdruck.

Wenn du jetzt den Ballon vor deinem Gesicht festhältst und die Luft wieder entweichen lässt, kannst du spüren, wie die Luft als Wind gegen dich bläst.

Erst wenn der Ballon wieder klein und leer ist und keinen erhöhten Luftdruck mehr hat, hört dieser künstliche Wind auf.

vorn, oder? Aber selbst der Wind darf nicht machen, was er will. Auch für ihn gibt es Regeln, wohin und woher er wehen darf. Und wenn du diese Regeln kennst, dann kannst du manchmal schon ein bisschen das Wetter vorhersehen.

Der Ursprung des Windes liegt ja darin, Gegensätze auszugleichen.

Stellen wir uns mal zwei Gebiete vor, eines mit hohem Luftdruck und eines mit tiefem Luftdruck. Die Luft ist durchsichtig, besteht aber aus etwas, nämlich aus winzigkleinen Luftteilchen, die wir nicht sehen können. In dem Gebiet mit hohem Luftdruck sind mehr von diesen Luftteilchen vorhanden als in dem Gebiet mit tiefem / niedrigerem Luftdruck. Diese Luftteilchen machen den Luftdruck aus. Sind mehr Teilchen da, dann ist der Luftdruck in dieser Region höher. Da die Natur ja das Gleichgewicht liebt, will sie, dass überall der gleiche Luftdruck herrscht. Also beginnen die Luftteilchen, aus der Gegend mit hohem Luftdruck in die Gegend mit dem niedrigen Luftdruck zu wandern. Diese Wanderung können wir spüren. Das ist der Wind.

Aber die Welt ist so groß, dass der Wind es nie ganz schafft, ein völliges Gleichgewicht bzw. einen völligen Ausgleich zu schaffen. Das muss ziemlich frustrierend für ihn sein.

Wenn nun ein Hochdruckgebiet über Deutschland liegt und ein kräftiges Sturmtief mit tiefem Luftdruck sich über Italien befindet, dann wird der Wind vom Hoch- zum Tiefdruckgebiet wehen, also von Deutschland nach Italien.

Wenn du mit dem Fahrrad zu deinem Schulfreund fährst und Gegenwind hast, wird mit großer Wahrscheinlichkeit vor dir ein

Hochdruckgebiet liegen. Hinter dir ist dann ein Tiefdruckgebiet. Du musst dich aber nicht herumdrehen. Diese Hoch- und Tiefdruckgebiete kann man nicht einfach so mit dem Auge sehen. Nur auf dem Barometer erkennst du, wie hoch der Luftdruck gerade ist. Du wirst den Unterschied aber spüren: Je stärker die Luftdruckunterschiede sind, umso stärker wird dabei auch der Wind pusten.

Wie misst man eigentlich den Wind? Dazu braucht man zwei Instrumente: Eines für die Windrichtung, das andere für die Wind-stärke.

Die Windrichtung kann man an einer so genannten Windfahne erkennen. So eine Windfahne hast du sicher schon in Form eines Wetterhahns auf Kirchtürmen oder auf Häusern gesehen. Aber auch ein Windsack oder jede normale Fahne zeigt dir die Windrichtung an.

Fahne und Windsack flattern immer auf der Seite vom Fahnenmast, zu der der Wind hin weht. Seinen Namen kriegt der Wind aber von der Richtung, aus der er kommt. Dabei entspricht die Windrichtung den Himmelsrichtungen. Bei Ostwind kommt also der Wind aus Osten und weht nach Westen.

Die Windstärke misst man mit einem Anemometer. Das ist eine Metallkonstruktion mit einem kleinen drehbaren Kreuz, an dessen Enden Halbkugeln befestigt sind. Die sehen so ein bisschen aus wie die Löffel, mit denen der Eismann im Eisladen die Kugeln macht. Diese Halbkugeln werden nun vom Wind bewegt, und eine Elektronik misst, wie schnell sie sich im Kreis drehen. Aus dieser Drehgeschwin-digkeit wird die Windstärke berechnet.

Windmesser. Links das Anemometer, rechts die Windfahne

Deutlich flatternde
Wäsche entspricht
Windstärke 4
Bildquelle:
GoodNood
www.shutterstock.com

Größere Zweige bewegen
sich, entspricht Windstärke 5
Bildquelle:
konrda
www.shutterstock.com

Ganze Bäume biegen sich,
entspricht Windstärke 8
Bildquelle:
Alina Wegher
www.shutterstock.com

Die Stärke des Windes kann man unterschiedlich ausdrücken. Zum einen können die normalen Geschwindigkeitswerte benutzt werden, die du vom Auto- oder Fahrradfahren kennst. Also der Wind kann mit 50 Kilometern pro Stunde (km/h) wehen. Manchmal benutzt man dabei auch die Einheit Meter-Pro-Sekunde. (m/s) Bei 50 km/h wären das ungefähr 14 m/s.

In der Seefahrt wird noch eine andere Einheit verwendet. Man nennt sie Knoten. Ein Seemann würde bei 50 km/h von einem Wind von 27 Knoten sprechen. Das liegt daran, dass die Seeleute früher tatsächlich Entfernungen mit Knoten in einem Seil gemessen haben. Aber egal, wie man es ausdrückt: Der Wind ist in allen drei Fällen gleich stark.

Aber mal ehrlich – hast du immer Messgeräte dabei? Selbst wir Meteorologen haben die nicht immer in der Hosentasche! Damit man aber weiß, wie stark der Wind weht, hat sich der britische Wissenschaftler Admiral Sir Francis Beaufort in Jahr 1806 eine Skala ausgedacht. Mit deren Hilfe kann man leichter sagen, wie windig es wird. Dabei hat er den Wind in 13 Stärken aufgeteilt, von Windstärke null (windstill) bis Windstärke 12 (voller Orkan).

Hier siehst du mal die ganze Skala, mit deren Hilfe du auch selbst sagen kannst, wie stark es draußen windet: Die Beaufortskala..

An so kleinen, alltäglichen Dingen in deiner Umgebung, wie Ästen, Bäumen oder Rauch kannst du also ablesen, wie stark der Wind weht.

So kannst du selbst ein kleiner Wetterfrosch sein.

Beaufort-Skala

Windstärke in Bft	Bezeichnung der Windstärke	Bezeichnung des Seeganges (Windsee)	Wirkung an Land
0	Windstille	völlig ruhige, glatte See	keine Luftbewegung. Rauch steigt senkrecht empor
1	leiser Zug	ruhige, gekräuselte See	kaum merklich, Rauch treibt leicht ab, Windflügel und Windfahnen unbewegt
2	leichte Brise	schwach bewegte See	Blätter rascheln, Wind im Gesicht spürbar
3	schwache Brise		Blätter und dünne Zweige bewegen sich, Wimpel werden gestreckt
4	mäßige Brise	leicht bewegte See	Zweige bewegen sich, loses Papier wird vom Boden gehoben
5	frische Brise	mäßig bewegte See	größere Zweige und Bäume bewegen sich, Wind deutlich hörbar
6	starker Wind	grobe See	dicke Äste bewegen sich, hörbares Pfeifen an Drahtseilen, in Telefonleitungen
7	steifer Wind	sehr grobe See	Bäume schwanken. Widerstand beim Gehen gegen den Wind
8	stürmischer Wind		große Bäume werden bewegt, Fensterläden werden geöffnet, Zweige brechen von Baumen, beim Gehen erhebliche Behinderung
9	Sturm	hohe See	Äste brechen, kleinere Schäden an Häusern, Ziegel und Rauchhauben werden von Dächern gehoben, Gartenmöbel werden umgeworfen und verweht, beim Gehen erhebliche Behinderung
10	schwerer Sturm	sehr hohe See	Bäume werden entwurzelt, Baumstämme brechen, Gartenmöbel werden weggeweht, größere Schäden an Häusern; selten im Landesinneren
11	orkanartiger Sturm	außergewöhnlich schwere See	heftige Böen, schwere Sturmschäden, schwere Schäden an Wäldern (Windbruch), Dächer werden abgedeckt, Autos werden aus der Spur geworfen, dicke Mauern werden beschädigt. Gehen ist unmöglich, sehr selten im Landesinneren
12	Orkan		schwerste Sturmschäden und Verwüstungen; sehr selten im Landesinneren

Allgemein nimmt der Wind mit der Höhe zu. Wenn du dich ganz flach auf den Boden legst, weht dort meistens der schwächste Wind. Auf hohen Bergen wie dem Brocken oder der Zugspitze ist er dagegen häufig deutlich stärker. Wenn du mal eine Wanderung in den Bergen gemacht hast, ist dir das sicher schon aufgefallen. Der Grund dafür liegt in der Reibung. Bäume, Sträucher und Häuser bremsen den Wind, sie halten ihn auf. Er kann nicht mit voller Stärke wehen, weil ständig Gegenstände im Weg stehen, die ihm seine Kraft nehmen. Das ist auf hohen Bergen anders, dort gibt es meistens keine Bäume mehr, nur noch kleinwüchsige Sträucher, und die stehen dem Wind nicht besonders im Weg. So kann er pusten, was das Zeug hält.

Noch weiter oben in der Atmosphäre, in acht bis zehn Kilometern Höhe, wo Flugzeuge unterwegs sind, dort bläst der Wind so richtig heftig. Hier können Windgeschwindigkeiten von 300 bis 500 km/h auftreten. Deshalb fliegen Flugzeuge ab und zu, wenn sie starken Rückenwind haben, auch fast mit Schallgeschwindigkeit. Manchmal hat das den Vorteil, dass man mit dem Flugzeug schneller am Ziel ist, als es im Flugplan stand. Mit Rückenwind kann man bei solchen Windgeschwindigkeiten eine Menge Zeit einsparen.

Der Wind ist es übrigens auch, der verursacht, dass sich Hochdruckgebiete auf der Nordhalbkugel im Uhrzeigersinn drehen und Tiefdruckgebiete gegen den Uhrzeigersinn.

Eigentlich - das weißt du ja schon - weht der Wind vom Hoch zum Tief. Das tut er allerdings nicht immer auf dem direkten Weg. Die Erde ist eine Kugel und dreht sich um sich selbst. Wenn du einen Globus vor dir stehen hast und ihn nach rechts antippst, dann

Bildquelle:
www.morguefiles.com

bekommst du genau die Erddrehung. So dreht sich die Erde einmal am Tag um sich selbst. Dadurch wird aber der Wind abgelenkt.

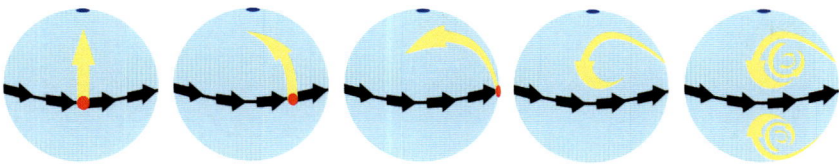

Deshalb weht er nicht direkt vom Hoch- zum Tiefdruckgebiet, sondern wird nach links abgelenkt, es wirkt die Corioliskraft.

Bei einen Tiefdruckgebiet strömt die Luft aufgrund des geringeren Drucks nach innen. Diese Bewegung nach innen wird durch die Corioliskraft zu einer Drehbewegung gegen den Uhrzeigersinn. Hochdruckgebiete haben eine nach außen gerichtete Luftbewegung. Ihre Windbewegungen werden von der Corioliskraft zu einer Drehbewegung im Uhrzeigersinn verformt. Auf der Südhalbkugel ist das genau anders herum.

Das bedeutet, dass du manchmal schon an der Windrichtung erkennen kannst, wie das Wetter um dich herum aussieht: Wenn der Wind aus Südwest weht, dann kannst du daraus schließen, dass meistens südlich von dir ein Hochdruckgebiet liegt und nordwestlich von dir ein Tief.

Durch genau diese Verteilung der Hochs und Tiefs wird sehr milde Luft zu uns geschaufelt, und du kannst deinen Freunden sagen, dass unser Wetter erst einmal mild bleibt. Wenn aber der Wind zum Beispiel aus Nord weht, dann liegt meistens das Hoch über England und ein Tief östlich von uns. Mit diesem Nordwind gelangt daher normalerweise kalte Luft zu uns. Somit kannst du also kleine Wettervorhersagen mit Hilfe des Windes wagen. Deine Freunde werden sich wahrscheinlich wundern, woher du das weißt!

Wieso kann man einen Föhn manchmal nicht ausschalten?

Über den Wind haben wir ja schon eine Menge erfahren. Nun habe ich einen speziellen Wind für dich: Einen Föhn! Dabei meine ich nicht einen Föhn, um sich die Haare trocken zu föhnen. Sondern einen viel größeren Föhn, der sich auch nicht mit einem einfachen „Klick" am Schalter ausstellen lässt.

Dieser Föhn ist ein ganz besonderer Wind, der sich an Gebirgen bildet. Vor allem von den Alpen kennen wir ihn, denn dort tritt er recht häufig auf. Wer in Bayern oder Baden-Württemberg wohnt, dem kann der Föhn manchmal schlimme Kopfschmerzen bereiten.

Dieser Alpenföhn entsteht nur bei bestimmten Wetterlagen. Meist dann, wenn sich ein kräftiges Tiefdruckgebiet über der Adria, also dem östlichen Mittelmeer befindet. Tiefs drehen sich ja auf der Nordhalbkugel unserer Erde gegen den Uhrzeigersinn. Somit kommt der Wind aus dem Süden und drückt die Wolken des Tiefs gegen die Südseite der Alpen. Die Wolken wollen weiter nach Norden vorankommen. Aber sie schaffen es nicht über die hohen Alpenberge. Also müssen die Wolken dasselbe tun wie wir, wenn wir über einen Berg wollen: Sie müssen klettern. Aufsteigen. Dabei passiert den Wolken dasselbe, was uns auch passiert, wenn wir auf einen hohen Berg steigen: Es wird ihnen kalt. Kalte Luft kann nicht soviel Feuchtigkeit aufnehmen wie warme Luft. Also muss das Wasser heraus aus den

Wolken. Es bilden sich Regenwolken, die an der Alpensüdseite heftige, teils auch lang anhaltende Regengüsse verursachen. Viele dieser Wolken regnen sich hier so richtig aus. Das Wetter ist also bei Föhn auf der Südseite des Gebirges richtig ungemütlich und nass.

Die Luft wandert aber immer noch weiter nach Norden. Sie hat jetzt schon viel an Feuchtigkeit verloren, denn die Regenwolken haben sich ja auf der Südseite der Alpen ausgeregnet. Zudem steigt die Luft hinter dem Gebirge, also auf der Nordseite der Alpen wieder ab, denn es sind ja keine Berge mehr im Weg. Dabei erwärmt sich die Luft stark. Und weil warme Luft ja viel mehr Feuchtigkeit speichern kann als kalte, lösen sich die Wolken jetzt wieder auf. Auf der Alpennordseite ist bei Föhn also das Wetter richtig schön. Es scheint die Sonne, und es ist außergewöhnlich warm. Manchmal kann es durch den Föhn in München auch im März schon mal 25 Grad geben und dazu schönsten Sonnenschein.

Föhnwetterlage
Im Süden steigt Luft auf, kühlt sich ab, bildet viele Wolken und regnet aus. Im Norden fällt die Luft herab, erwärmt sich, die Wolken lösen sich auf. Der entstandene Fallwind ist warm.

Bildquelle:
www.colorstockphoto.com

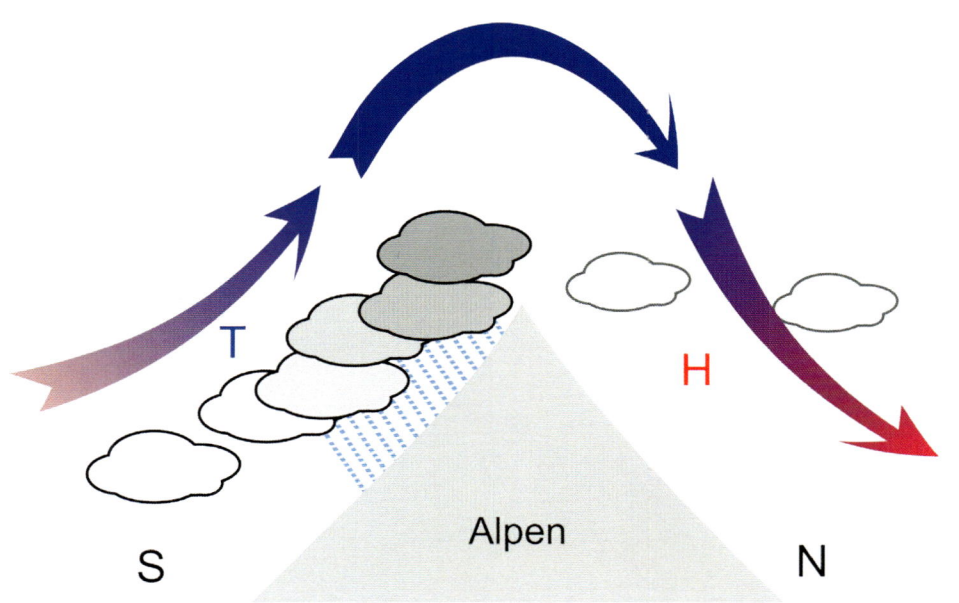

Lenticulariswolken, auch Föhnfische genannt

Bildquelle:
www.wikipedia.org

Es gibt also auf der Nordseite der Alpen schönes Wetter mit viel Sonnenschein. Oft entstehen dabei ganz besonders schönen Wolken. Sie heißen Altocumulus lenticularis, oder einfach gesagt „Föhnfische". Diese Wolken sehen linsenförmig und weiß aus und sind typisch für Föhnwetterlagen. Sie sind immer ein Zeichen für schönes Wetter und übrigens auch meine Lieblingswolken.

Allerdings hat der Föhn auch seine Schattenseiten: Es kann sehr windig werden, wenn der Föhn einsetzt. Manchmal gibt es sogar den sogenannten Föhnsturm. Wenn der auftritt, wird es vor allem auf den höchsten Berggipfeln gefährlich windig. Hier kann der Föhnwind mit Orkanstärke pusten.

Also jetzt weißt du auch was der meteorologische Föhn ist und was er für gute und schlechte Seiten hat. Und warum man ihn nicht ausschalten kann.

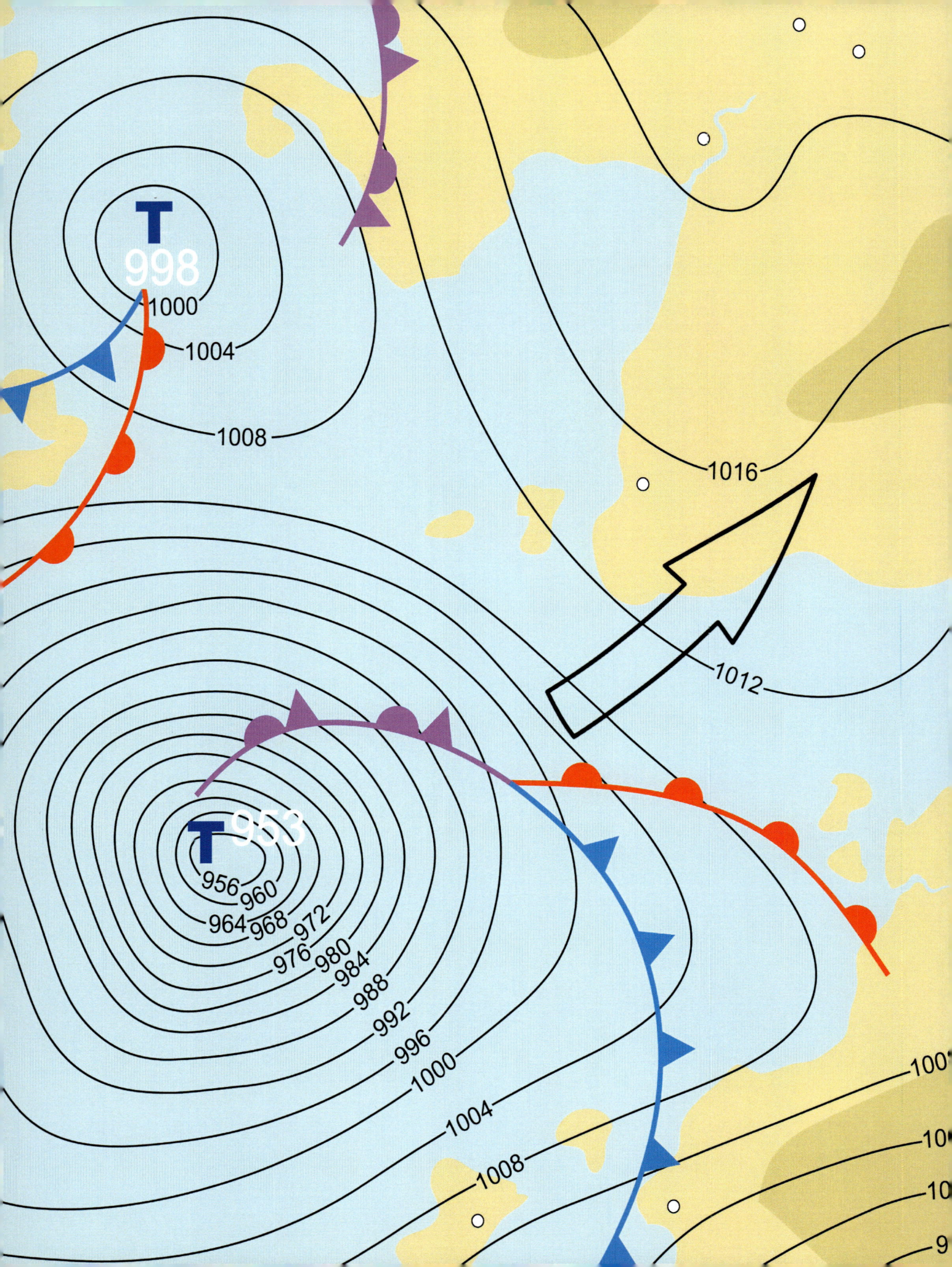

Wie entstehen „Berta" und „Gustav"?

Jetzt denkst du dir wahrscheinlich: Wer um Himmels willen sind denn bitte Berta und Gustav? Deine Frage ist berechtigt. Ich will es dir erklären.

Berta und Gustav sind Namen für Hoch- beziehungsweise Tiefdruckgebiete. Beim Wetterbericht hörst du, dass der Meteorologe zum Beispiel sagt: "Das Sturmtief Gustav wird heute ganz schön heftig wüten!" oder "Unser Hoch Berta beschert uns auch heute wieder schönstes Strandwetter." Aber warum bekommen sie nun gerade Namen wie Berta und Gustav? Warum nicht einfach Nummern? Diese Namen erhalten die Hochs und Tiefs, damit man sie sich besser merken kann. Dabei war es jahrzehntelang so, dass immer die Hochdruckgebiete Männernamen trugen und die Tiefs Frauennamen. Da die Tiefs ja meistens schlechtes Wetter bringen, fanden das einige Frauen ungerecht. Deshalb gilt seit 1999 eine neue Regelung. Jungen- und Mädchennamen wechseln sich seitdem ab. In geraden Jahren wie 2010 und 2012 haben alle Hochs männliche Namen und alle Tiefs weibliche, und in ungeraden Jahren ist es wieder umgekehrt.

Dabei starten wir am Jahresanfang jeweils mit dem Anfangsbuchstaben „A", das heißt, das erste Hoch des Jahres hat in einem geraden Jahr einen männlichen Namen, der mit „A" beginnt und das erste Tief einen weiblichen Namen, der mit „A" anfängt. So geht es dann einmal durch das Alphabet, und nach „Z" folgt dann wieder „A". Dabei

Bruno erklärt Wetter-Fremdwörter

Die grauen oder weißen Linien auf der Wetterkarte bezeichnet man als Isobaren. Das hört sich schwierig an, ist es aber eigentlich gar nicht. Es heißt übersetzt: Linien gleichen Luftdrucks.

Die Wetterkarte, auf der die Hochs, Tiefs und Isobaren zu sehen sind nennt man Isobarenkarte.

Und wenn wir schon mal bei Fremdwörtern sind, habe ich gleich noch ein paar für dich.

Zum Beispiel Isothermen. Auch dieses Wort fängt mit Iso... an. Ganz richtig, denn das bedeutet: Gleich. In diesem Falle gleiche Temperatur.

Isothermen sind also Linien, auf denen die gleiche Temperatur herrscht.

Und zu guter Letzt möchte ich dir noch die Isotachen vorstellen. Das sind Linien mit gleicher Windgeschwindigkeit.

Jetzt kannst du Mama und Papa einmal stark beeindrucken und sie fragen, was Isotachen sind.

werden die Namen von der meteorologischen Abteilung der Freien Universität Berlin festgelegt.

Früher gab es Listen mit vielen Namen, die abgearbeitet wurden. Die Uni brauchte aber mehr Geld für ihre Arbeit. Deshalb wurde vor ein paar Jahren eingeführt, dass man Pate für ein Hoch oder Tief werden kann. Jemandem, den du gern hast, schenkst du ein Hoch oder Tief, und das bekommt dann seinen Namen. Diese Patenschaft muss man kaufen. Dabei kosten Hochdruckgebiete 300 Euro und ein Tief 200 Euro. Hochs sind teurer, weil sie meistens länger halten. Es gibt Sommerhochdruckgebiete, die mehr als zwei Wochen lang tolles Wetter bringen. Da bekommt man dann besonders viel Wetter fürs Geld. Wenn deine Familie also noch ein außergewöhnliches Geschenk sucht, verschenkt doch mal ein Hoch- oder Tiefdruckgebiet.

Jetzt weißt du also wer Berta und Gustav sind, aber wie entstehen sie?

Nehmen wir uns mal das Tiefdruckgebiet Gustav vor. Wie du ja schon weißt, spielt die Sonne die wichtigste Rolle. Sie strahlt Wärme aus und erhitzt die Erdoberfläche. Dabei werden natürlich auch die Luftschichten darüber erwärmt. Luft, die sich erwärmt, breitet sich aus und wird leichter. Die Luftteilchen im Luftpaket bewegen sich umso mehr, je wärmer es wird. Wenn es dagegen ganz kalt ist, erstarren diese Luftteilchen fast komplett.

Das ist bei uns selbst eigentlich nicht anders. Bei warmen, schönen Wetter gehen wir gern raus und bewegen uns, spielen im Garten. Wenn es dagegen eisig kalt draußen ist, haben wir dazu gar keine Lust, wollen uns nicht viel bewegen und es uns lieber zu Hause gemütlich machen.

So in etwa ist es also auch bei den Luftteilchen. Und je mehr sie sich bei Wärme bewegen, desto mehr Raum nehmen sie ein, das Luftpaket breitet sich also aus. Wenn in einem größeren Raum genauso viele Luftteilchen sind, wie zuvor auf kleineren Raum, wird das Luftpaket leichter. Und wenn es leichter ist, dann steigt es langsam auf – das ist eigentlich alles logisch. Das ganze könnt ihr in der Küche beobachten, wenn Mama kocht: Wenn in einem Topf Wasser heiß gemacht wird, sodass es kocht, steigt Dampf auf, also warme Luft.

Verdunstetes Wasser konsensiert beim Kochen zu heißem Dampf
Bildquelle:
Fedor Kondratenko
www.shutterstock.com

Jetzt haben wir also ein Luftpaket, was von der Sonne erwärmt wurde. Es hat sich ausgebreitet, ist leichter geworden und aufgestiegen, wie ein Heißluftballon. Die warme Luft ist aber nicht einfach in einen leeren Raum gestiegen. Oben war ja auch schon Luft. Somit nimmt die Anzahl der Luftteilchen in der Höhe zu, während am Boden nun weniger Luftteilchen vorhanden sind. Je mehr Luftteilchen es gibt, desto höher ist der Luftdruck. In der Höhe herrscht nun also hoher Luftdruck und am Boden, wo Luftteilchen fehlen, niedriger Luftdruck. In der Höhe hat sich so ein Hoch und am Boden ein Tiefdruckgebiet ausgebildet.

Nun weißt du ja schon, dass die Natur das Gleichgewicht liebt und überall gleiche Zustände haben möchte. So ist es auch bei Luftdruckunterschieden. Das heißt, das Gebiet am Boden mit niedrigem Luftdruck und weniger Luftteilchen wird umgehend wieder aufgefüllt. Und deshalb finden wir nebenan auch Berta, das ist nämlich das Bodenhochdruckgebiet. Von Berta strömt die Luft zu Gustav, also vom Hoch zum Tief, um wieder ein Gleichgewicht in der Natur hinzubekommen. Von Bertas Seite kommt Wind heran und bringt Luftteilchen ins Tief. Jetzt fehlen aber hier an der Seite wieder ein paar Luftteilchen. Die

Kleines Experiment: Verdunstung

Um zu verstehen, wie Hoch- und Tiefdruck-gebiete entstehen, haben wir auch über das Verdunsten von Wasser geredet. Das kannst du dir zu Hause schön selbst veranschaulichen.

Dazu sollte es Winter sein, denn für dieses Experiment benötigen wir die Heizung, und es sollte die Sonne schei-nen. Dann brauchst du drei gleich große Gläser, einen Messbecher, Tesa-film und einen Buntstift.

Messe für jedes Glas die gleiche Wassermenge ab und fülle sie in die Glä-ser. Klebe etwas Tesa-film auf Wasserhöhe von außen an die Gläser und male einen Strich aufs Tesa, genau auf Wasserhöhe. Alle Striche sollten auf gleicher Höhe sein.

Nun stelle ein Glas auf eine Heizung (die Hei-zung sollte aber nicht auf ‚volle Pulle' laufen, sondern mäßig warm sein). Das zweite Glas sollte auf dem Tisch ste-hen, und das letzte Glas platzierst du ans Fenster in die Sonne.

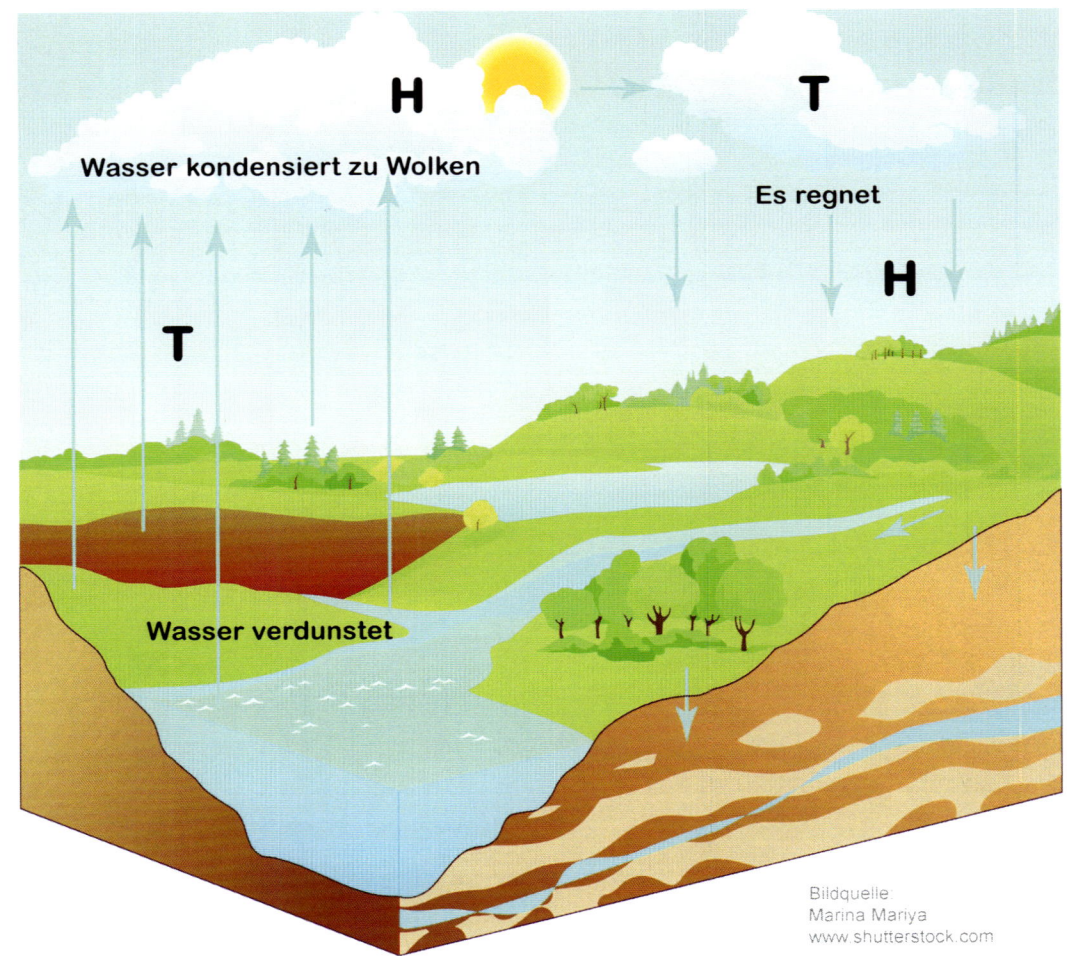

Wasser kondensiert zu Wolken

Es regnet

Wasser verdunstet

Bildquelle:
Marina Mariya
www.shutterstock.com

werden dann von oben, aus der Höhe gebracht, da sich dort das Höhenhoch befand. Hier bekommen wir also einen Wind, der nicht von der Seite kommt, sondern von oben herab. Es ist wie eine Art Kreislauf, der Luftteilchen durch die Gegend transportiert.

Warum aber bilden sich über dem Bodentief häufig Wolken? Die Sonne erwärmt ja zunächst die Erdoberfläche. Das Wasser, was dort vorhanden ist verdunstet, gelangt also in die Luft. Oben ist es jedoch kälter, und kalte Luft kann weniger Luftfeuchtigkeit aufnehmen als warme Luft. Irgendwann ist die Luft dadurch gesättigt, sie kann keine Feuchtigkeit mehr aufnehmen. Dann bilden sich Wolken. Und wenn die zu schwer sind, regnen sie sich ab, wie wir es von Tiefdruckgebieten her kennen.

Es gibt zu jedem beliebigen Zeitpunkt auf der Erde jede Menge Hoch- und Tiefdruckgebiete.

Je größer nun die Luftdruckgegensätze zwischen ihnen sind, desto stärker weht der Wind. Sind die Unterschiede richtig groß, dann haben sich Sturm- oder Orkantiefs gebildet. Da kann es zum Teil extrem windig, richtig stürmisch werden, damit die Luftdruckgegensätze wieder ausgeglichen werden können.

Auf Wetterkarten, die wir Meteorologen in unseren Wetterberichten ab und zu verwenden, könnt ihr die Hoch- und Tiefdruckgebiete wiederfinden.

Das sind „H"s und „T"s, die auf eine Europakarte gemalt werden und die mit grauen oder weißen Linien umkreist sind. Dabei sind die „H"s natürlich die Hochdruckgebiete und die „T"s die Tiefs. Die Linien sagen etwas über den Luftdruck. Auf einer Linie herrscht nämlich immer derselbe Luftdruck. Um ein Tief liegen diese Linien immer enger beieinander. Das liegt daran, dass hier die Luftdruckgegensätze größer sind und hier stärkerer Wind weht – wie du es von Tiefdruckgebieten kennst. Bei ganz vielen engen Linien haben wir es mit den oben beschriebenen Sturm- oder sogar Orkantiefs zu tun.

Mithilfe dieser Wetterkarten, die manchmal im Wetterbericht gezeigt werden, kannst du selber sehen, wie sich das Wetter bei uns entwickeln wird. Wenn über Deutschland ein Hoch ist, wird es meist recht schön. Wenn dagegen ein „T" über uns platziert ist und da ganz viele Linien sind, dann wird es wechselhaft, wolkenreich und meistens auch nass und windig.

Nun warte einen halben Tag oder besser noch etwas länger und schaue dann wie viel Wasser noch in den Gläsern ist – das sollte sehr unterschiedlich sein.

Es hängt von der Umgebung, von der Sonnenstrahlung und Temperatur ab, wie viel Wasser verdunstet.

Genauso ist es auch bei der Bildung von Wolken über Tiefdruckgebieten.

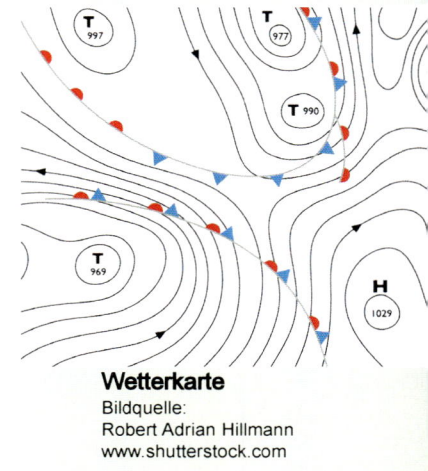

Wetterkarte
Bildquelle:
Robert Adrian Hillmann
www.shutterstock.com

Warum bestehen Wolken nicht aus Zuckerwatte?

Wolken gehören zum Wetter. Deshalb wollen wir sie etwas genauer unter die Lupe nehmen.

Ist die Frage in der Überschrift dieses Kapitels nicht sehr berechtigt? Warum bestehen Wolken nicht aus Zuckerwatte? Wenn man sich manche Wolken am Himmel anschaut, dann gleichen sie der Zuckerwatte von der Kirmes doch sehr. Und wenn du schon mal in den Urlaub mit dem Flugzeug geflogen bist und ein bisschen Glück hattest, dann konntest du beim Rausschauen die Wolken von oben sehen. Sie sehen aus wie Wattebällchen, oder halt, als seien sie aus Zuckerwatte. Wenn das wirklich so wäre, dann würde der Himmel durch den Zuckern in der Zuckerwatte ziemlich verklebt sein.

Aber woraus bestehen denn nun die Wolken? Ganz einfach aus Wasser! Das hört sich ziemlich unspektakulär an, und man kann es sich nicht richtig vorstellen. Wasser ist doch eigentlich durchsichtig, zumindest dann, wenn es aus dem Wasserhahn kommt. Trotzdem! Alle Wolken bestehen aus Wasser. Manche sind dabei auch aus gefrorenem Wasser, also Eis.

Wolken sind eigentlich nur eine riesige Ansammlung von Wassertröpfchen oder Eiskristallen, die in der Luft herumschweben. Aus Wolken fällt Regen oder Schnee, aber zum Glück nicht aus allen.

Schleierwolken und Quellwölkchen zum Beispiel sind Schönwetterwolken. Nur wenn die Wolken übervoll mit Wassertröpfchen sind, dann kann es daraus regen, schneien oder hageln.

Es gibt also Wolken in denen nur Wasser ist, andere Wolken bestehen dagegen aus Eis, gefrorenem Wasser. Wovon das abhängt? Natürlich von der Temperatur. Allgemein befinden sich Eiswolken immer deutlich weiter oben in der Atmosphäre als die Wasserwolken, denn mit der Höhe wird es ja kälter, und das Wasser gefriert zu Eis.

Bei der Unterscheidung der Wolken gibt es wie in einem Hochhaus Stockwerke.

Im untersten Stockwerk befinden sich die Wasserwolken, sie sind in einer Höhe von null bis zwei Kilometer zu finden. Das sind unter anderem die Wolken, die aussehen wie Watte oder Zuckerwatte, die Schönwetterwolken. Sie heißen in der Meteorologenfachsprache Cumuluswolken.

Dann kommt das zweite Stockwerk mit den Mischwolken. Das heißt, diese Wolken bestehen zum Teil aus Wasser, zum Teil aber auch schon aus Eis. Beispielsweise Schäfchenwolken wohnen in diesem Stockwerk. Es befindet sich zwischen zwei und sechs Kilometern Höhe. Wir Wetterfrösche nennen diese Wolken Altocumuluswolken. "Alto" ist das Erkennungswort für die Mischwolken im zweiten Stockwerk.

Darüber haben wir das dritte Wolkenstockwerk mit den Eiswolken. Sie können zwischen sechs und zwölf Kilometern Höhe liegen. Zum Beispiel Schleierwolken gehören dazu. Wir bezeichnen sie als Cirruswolken. Überall wo "Cirrus" dabei ist, bedeutet, dass es Eiswolken sind.

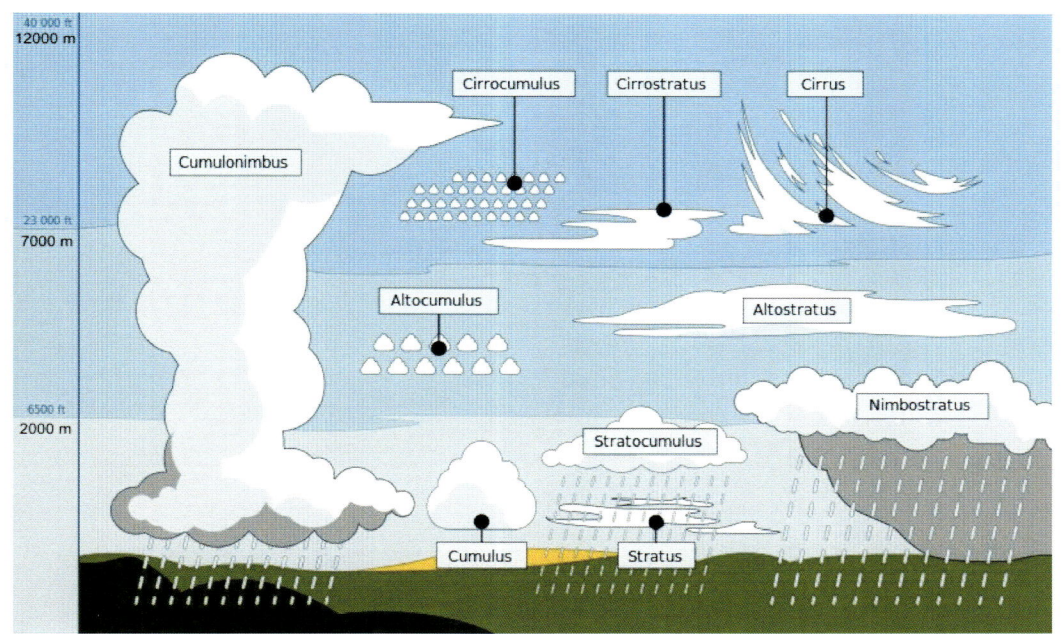

Verschiedene Wolkentypen und die Höhen, in denen sie sich bilden
Bildquelle:
Valentin de Bruyn
www.wikipedia.org

ter. Die dünne Schicht Luft direkt darunter kühlt ab, und kalte Luft kann ja weniger Wasserdampf aufnehmen als warme Luft.

Bei der Bestimmung der Wolkenart musst du immer auf die Höhe der Wolkenunterseite schauen, wo die sich befindet. Es gibt nämlich auch Wolken, zum Beispiel Gewitterwolken, die über alle drei Wolkenstockwerke gehen, also eine Ausdehnung nach oben von über zehn Kilometern haben.

Warum fallen die Wolken eigentlich nicht vom Himmel? Wasser ist ja schwerer als Luft, da könnte man doch denken, dass die Tröpfchen in einer Wolke nach unten fallen. Das tun sie aber nicht, denn in jeder Wolke gibt es Aufwinde, die die Tröpfchen gewissermaßen in der Schwebe halten. Denk an das vorige Kapitel: die wärmere Luft steigt nach oben und pustet dadurch von unten gegen die Wolken.

Aber wenn sie nun eigentlich aus durchsichtigen Wassertropfen bestehen, warum sind dann die meisten Wolken trotzdem weiß? Weil die winzigkleinen Wassertröpfchen der Wolke das ganze Licht der Sonne zu uns zurückstrahlen, also reflektieren. Da das Sonnenlicht weiß ist, sehen wir auch die Wolken meistens weiß. Wenn allerdings

Cirruswolken
Bildquelle:
www.morguefiles.com

Cumuluswolken
Bildquelle:
www.colorstockphoto.com

Dunkle Regenwolken
Bildquelle: Sa035-runT
www.shutterstock.com

Kleines Experiment: Aufwind

Auch das kannst du selbst einmal ausprobieren.

Dafür benötigst du einen Föhn, am besten einen mit einer Tülle oben drauf. Das sind die Dinger, die Mama braucht, um den richtigen Schwung in ihre Haare zu bekommen. Zudem benötigst du einen Tischtennisball. Nun hältst du den Haarföhn nach oben und bringst den Tischtennisball in den nach oben gerichteten Luftstrom des Föhns. Nun versuche, den Tischtennisball in der Luft zu behalten, so wie die Aufwinde in einer Wolke die Wassertröpfchen in der Schwebe halten.

Das ist sicher nicht ganz einfach, aber es funktioniert bei dir und in einer Wolke.

eine Wolke extrem groß ist und voll von vielen, dicken Wassertropfen, dann wird das Sonnenlicht quasi verschluckt, von der Wolke aufgesaugt und nicht mehr durchgelassen. Wir können die Sonne durch diese düsteren Wolken nicht mehr sehen und auch nicht das weiße Sonnenlicht. Deshalb sind diese Wolken grau, manchmal auch fast schwarz. Diese dunklen Wolken bringen meist Regen oder sogar Gewitter.

Wie entsteht aber nun genau eine Wolke? In der Luft fliegen ganz viele winzigkleine Wasserteilchen herum, die wir nicht sehen können. Genauso gibt es in der Luft sehr viele minikleine Staubpartikel, die so klein sind, dass man sie maximal mit einer Lupe erkennen würde. Sie sind also schlichtweg zu klein, als dass wir sie mit dem „normalen" Auge sehen könnten. Wir Meteorologen nennen diese Staubteilchen auch Kondensationskerne. Diese Mini-Staubteilchen und die Wasserteilchen bilden zusammen die Wolken.

Wenn die Luftfeuchtigkeit extrem hoch, nämlich bei 100 Prozent liegt, dann tun sich die minikleinen Staubteilchen mit den winzigkleinen Wasserteilchen zusammen, und daraus ergibt sich ein kleiner Wassertropfen. Das passiert in dieser feuchten Luft ganz viele tausend mal. Und so bekommen wir ganz viele kleine Wassertropfen, und die bilden dann gemeinsam eine Wolke.

Aber wann haben wir eine Luftfeuchtigkeit von 100 Prozent ?

Dies kann auf verschiedene Arten geschehen:

Die erste dieser Ursachen bezeichnen wir als Konvektion. Das passiert, wenn die Sonne scheint, und es schön warm ist am Erdboden.

Diese warme Luft steigt dann auf, so wie ein Heißluftballon aufsteigt. Sie ist leichter als kalte Luft. Aber während sie aufsteigt kommt sie in zunehmend kältere Luft. Erinnerst du dich? Eben haben wir gelernt, dass es mit zunehmender Höhe kälter wird. Und kalte Luft ist nicht nur schwerer als warme Luft. Sie kann auch weniger Feuchtigkeit aufnehmen.

Morgens: Schönwetter
Bildquelle:
www.colorstockphoto.com

Je kälter es wird, desto mehr versuchen die Wasserteilchen, sich mit den Staubteilchen zu Tropfen zusammenzufinden. In dem Moment, in dem es kalt genug geworden ist, dass sich diese Wassertropfen bilden, hat die Luftfeuchtigkeit 100 Prozent erreicht. Wir sagen dann, das Wasser kondensiert.

Das kannst du sehr häufig im Sommer beobachten: Am Vormittag ist der Himmel strahlend blau, es gibt keine Wolke am Himmel. Die durch die Sonne erwärmte Luft beginnt aber spätestens gegen Mittag, nach oben zu steigen. Diesen nach oben steigenden Wind nennt man Thermik (eine warme Windströmung). Manchmal kannst du große Raubvögel sehen, die oben auf so einer Thermikströmung in der Luft kreisen. Im Laufe des Tages bilden sich am oberen Ende so einer Thermik dann zunächst kleine Quellwolken, und später möglicherweise auch dicke, düstere Schauer- und Gewitterwolken.

Mittags: Quellwolken
Bildquelle:
Dobresum
www.shutterstock.com

Die zweite Ursache, durch die sich Wolken bilden, sind die Berge. Das hört sich merkwürdig an, ist aber ganz einfach: Ein Luftpaket wird durch den Wind in eine bestimmte Richtung getragen. Wenn nun Berge im Weg sind, wird dieses Luftpaket automatisch zum Aufsteigen gezwungen, um über die Berge zu kommen - damit kühlt es sich ab und es bilden sich Wolken.

Nachmittags: Gewitter
Bildquelle:
Jason Patrick Ross
www.shutterstock.com

Auch Tiefdruckgebiete verursachen Wolken, denn auch durch sie kann ein Luftpaket dazu gezwungen werden aufzusteigen. Das passiert zum Beispiel, wenn es bei uns recht kalt ist. Nun kommt ein Tief mit warmer Luft herangezogen. Da kalte Luft ja schwerer als warme Luft ist, muss die warme Luft aufsteigen. Sie kühlt sich dabei ab, und wieder sind neue Wolken geboren.

Und es gibt noch eine Ursache für die Entstehung von Wolken, nämlich große Gewässer. Im Frühjahr sind unsere Seen, Flüsse und Meere noch sehr kalt vom Winter. Die Luft dagegen kann sich durch die mittlerweile recht kräftige Frühjahrssonne schon schnell erwärmen. Wenn nun ein Luftpaket durch den Wind vom Land auf einen See geweht wird, kühlt sich das Luftpaket über dem See ab und bildet so Wolken.

Manchmal entsteht dabei auch Nebel. Aber Nebel ist ja eigentlich nur eine Wolke, die auf dem Erdboden liegt, also eine extrem tiefhängende Wolke

Nebel
Bildquelle:
Peter Giudella
www.shutterstock.com

Kleines Experiment: 100 Prozent Luftfeuchtigkeit

Ein Experiment mit Luftfeuchtigkeit führst du unfreiwillig jedesmal dann aus, wenn du unter die warme Dusche gehst. Wenn das warme Wasser lange genug läuft, nimmt die Luft daraus Wasserdampf auf, und zwar so lange, bis sie 100 Prozent Luftfeuchtigkeit erreicht. Dadurch bildet sich im Badezimmer eine Wolke, die wie Nebel den ganzen Raum ausfüllt. Dann öffnet deine Mama meist das Fenster, um den Wasserdampf hinauszulassen.

Was aber passiert wohl, wenn sie das nicht tut?

Sobald du die Dusche abstellst, kommt keine neue Wärme nach, und die Luft im Raum wird wieder kälter. Am schnellsten kühlt sie an den Wänden, am Fenster und am Badezimmerspiegel ab.

Dann passiert das gleiche wie in der Wolke: Die kälter werdende Luft kann die Wassertröpfchen nicht mehr halten, sie kondensieren, und es bilden sich dicke, sichtbare Tropfen. Wände, Fenster und Spiegel beschlagen und werden nass.

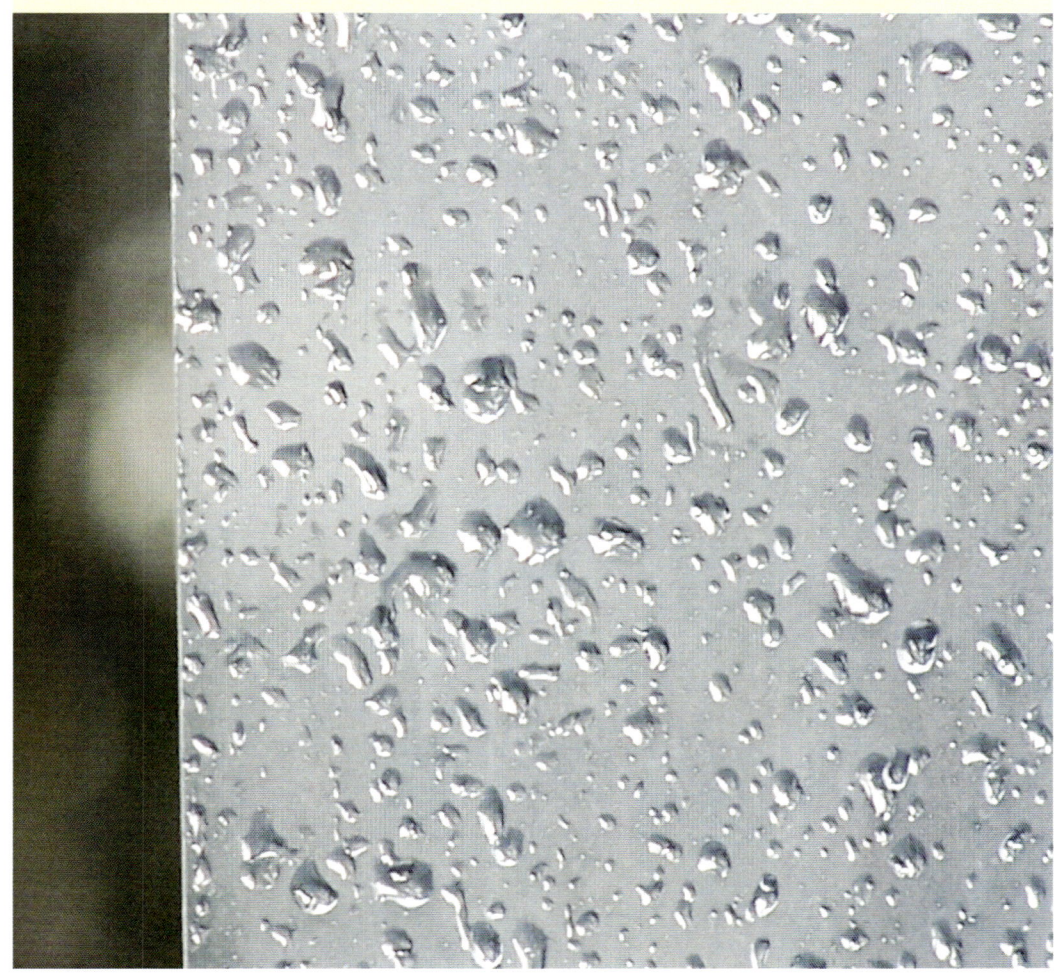

Wassertropfen kondensieren an der Duschabtrennung
Bildquelle:
www.morguefiles.com

Was haben der Himmel und ein Schokoladenkuchen gemeinsam?

Nun weißt du schon eine ganze Menge über das Wetter. Die Sonne ist sein Motor, der Wind versucht das Temperaturwirrwarr zu richten, und die Hoch- und Tiefdruckgebiete sind für schönes oder schlechtes Wetter verantwortlich.

Was soll jetzt die merkwürdige Frage in der Überschrift zu diesem Kapitel, wirst du dich sicher fragen? Was soll ein Schokokuchen mit dem Wetter zu tun haben? Natürlich haben der Himmel und solch ein Kuchen nichts gemeinsam! Der Himmel ist blau, ein Schokoladenkuchen schokoladenbraun. Schokokuchen schmeckt himmlisch süß. Den Himmel dagegen kann man nicht essen und schmecken, ihn kann man noch nicht einmal anfassen.

Aber es stimmt trotzdem nicht ganz, dass die beiden nichts gemeinsam haben. Himmel und runde Kuchen wie unser Schokoladenkuchen haben bei bestimmten Eigenschaften eine ganze Menge Gemeinsamkeiten. Zum Beispiel kann man beides in acht Teile teilen.

Jetzt denkst du dir sicher: Ja, klar kann man einen Schokoladenkuchen in Stücke schneiden, und natürlich auch in acht Stücke. Aber warum sollte man denn den Himmel in acht Stücke teilen? Und wie? Mit einem Kuchenmesser jedenfalls nicht!

Trotzdem kommen wir der Sache schon ein bisschen näher. Es ergibt durchaus Sinn, den Himmel in acht gedachte Teile zu teilen. Dadurch wirst du einige Wettervorhersagen besser verstehen können. Dort werden ja häufig Begriffe wie heiter oder sonnig oder stark bewölkt benutzt. Aber weißt du genau, was das bedeutet?

Dieser Frage wollen wir jetzt nachgehen.

Dafür brauchen wir einen Schokoladenkuchen. Der macht die Sache anschaulich. Du kannst natürlich auch einen Käsekuchen nehmen, wenn du den lieber magst, oder eine Erdbeertorte. Teile diesen Kuchen in acht Teile: Schneide ihn zunächst in der Mitte durch, sodass zwei Halbkreise entstehen. Nun viertel den Kuchen, sodass du vier große Stücke hast. Als letztes teile jedes Viertelstück noch einmal durch, so dass du nun acht Stücke Kuchen hast.

Jetzt stell dir vor, dass der Schokokuchen der Himmel ist. Der ganze Kuchen entspricht nun einem Himmel voller Wolken. Du siehst also kein einziges Stück Blau mehr am Himmel, sondern überall graue oder weiße Wolkenfelder, durch die man nicht durchschauen kann. Die Wolkendecke ist geschlossen. Wir Meteorologen sprechen dann von einem „bedeckten" Himmel. Der Himmel hat eine Bewölkung von 8/8, also acht Achtel. Zeitweise kann es aus so einer dichten, trüben Wolkensuppe auch regnen, muss es aber nicht.

Nun nimm ein Stück Kuchen weg, sodass noch sieben Stücke auf dem Teller bleiben. Der Himmel zu 7/8 (sieben Achtel) gefüllt, wir Wetterfrösche nennen das „fast bedeckt". Man kann also irgendwo am Himmel noch etwas Himmelsblau entdecken, aber das ist wirklich ganz wenig.

Bedeckter Himmel
Bildquelle:
Lee Prince
www.shutterstock.com

Fast bedeckter Himmel
Bildquelle:
Worradirek
www.shutterstock.com

Stark bewölkter Himmel
Bildquelle:
www.morguefiles.com

Nun kommt wieder ein Stück Schokoladenkuchen vom Teller herunter, es bleiben noch sechs Stücke über. Damit ist der Himmel „stark bewölkt" – so bezeichnen wir Meteorologen den Wetterzustand. Das heißt, es gibt noch wirklich viele Wolken (sechs Achtel) am Himmel, es sieht nach keinem schönen Wetter aus, es kann auch immer wieder regnen.

Bewölkter Himmel
Bildquelle:
www.morguefiles.com

Ein weiteres Stück Kuchen verschwindet vom Teller und damit sind noch fünf Stücke da. Nun haben wird es mit einem „bewölkten" Himmel zu tun. Etwa 70 Prozent (fünf Achtel) des Himmels sind voll Wolken, knapp ein Drittel des Himmels ist blau, also ohne Wolken.

Wolkiger Himmel
Bildquelle:
www.colorstockphoto.com

Wenn du nun noch ein Stück Kuchen vom Teller schiebst, bleibt ein halber Kuchen übrig und damit ist der Himmel „wolkig". Zur Hälfte (vier Achtel) sieht man Wolken am Himmel, zur Hälfte ist es wolkenlos. Das sieht schon nach deutlich freundlicherem Wetter als bisher aus.

Wie heißt der Himmel, wenn nun nur noch drei Stücke Kuchen auf dem Teller zu finden sind? Dann bezeichnet man ihn als einen „leicht bewölkten" Himmel. Wir haben es mit 3/8 (drei Achtel) Bewölkung zu tun.

Leicht bewölkt
Bildquelle:
S.Borisov
www.shutterstock.com

Nimmst du nun noch ein Stück Kuchen weg, bleiben zwei Stücke über und damit haben wir den Wetterzustand „heiter" erreicht. Wenn du das im Radio hörst, kannst du dich auf schönes Wetter freuen. Es bleibt trocken, die Sonne scheint sehr fleißig, und nur harmlose Wolken (mit einer Bedeckung von zwei Achtel) ziehen am Himmel entlang

Heiter
Bildquelle:
Bruce Amos
www.shutterstock.com

Sonniger Himmel
Bildquelle:
df028
www.shutterstock.com

Wolkenlos
Bildquelle:
www.morguefiles..com

Noch schöner ist das Wetter natürlich, wenn wir Meteorologen „sonniges" Wetter prophezeien. Das bedeutet, nur noch ein Stück Kuchen befindet sich auf deinem Teller. Man kann dann ganz vereinzelt am Himmel noch ein Wölkchen sehen (ein Achtel), aber eigentlich ist der Himmel überall strahlend blau. Besseres Wetter im Sommer für den Badesee gibt es kaum.

Außer natürlich, wir haben gar kein Stück Schokoladenkuchen mehr auf unserem Teller – der Teller ist leer. Das geht beim Himmel auch, er ist blank geputzt von Wolken, wirklich nirgendwo wird man ein Wölkchen entdecken – dann sprechen wir Wetterfrösche von „wolkenlos" und damit 0/8 (null Achtel) Bewölkung.

Nun sagen dir die Wettervorhersagen in Radio, Fernsehen, Zeitungen oder im Internet wieder ein bisschen mehr als bisher. Zudem kannst du deine Freunde oder Verwandte beeindrucken: Studiere mit grübelnder Miene den Himmel und sage: „Mhhhh, es sieht so aus, als ob sich die Wolken verziehen, nachher haben wir sicher nur noch 3/8-Bewölkung und damit einen leicht bewölkten Himmel." Das beeindruckt bestimmt den einen oder anderen.

Allerdings musst du dabei wirklich alle Wolken und Wolkenarten zusammennehmen, die am Himmel zu finden sind. Manchmal sieht man ja nur Schleierwolken, durch die die Sonne durchscheinen kann. Aber auch die gehören zu den Wolken und müssen mitgerechnet werden. Also vergesse beim Wolkenzählen bitte keine Wolken. Nur dann kannst du den Bedeckungsgrad, also wie viele Achtel Wolken-Kuchen am Himmel sind, genau bestimmen.

Heiterer Himmel über
der Vulkaneifel.
Bildquelle:
www.colorstockphoto.com

Wie viele Regentropfen passen in eine Tasse?

Auch wenn man ihn nicht mag, gehört der Regen zum Wetter dazu. Dabei ist allerdings Regentropfen nicht gleich Regentropfen. Da gibt es himmelweite Unterschiede, auch wenn man sich das auf den ersten Blick gar nicht so vorstellen kann. Klar ist: Alle Regentropfen bestehen aus Wasser – das ist ja schon mal etwas.

Allerdings kommt Wasser in der Luft nicht nur in Tropfen vor. Wenn Regentropfen in Wolken in höheren Schichten der Atmosphäre oder in hochreichenden Schauer- und Gewitterwolken entstehen, fallen zunächst winzige Eiskristalle aus der Wolke, denn da oben ist es ja eisig kalt. Auf dem Weg zum Erdboden schmelzen die Eiskristalle aber und werden zu Regentropfen. Wenn sie bei uns ankommen, bestehen dann alle Regentropfen nur noch aus Wasser und machen uns nass. Diese Wassertropfen können jedoch unterschiedlich groß sein und auch noch unterschiedliche Formen haben. Nicht jeder Regentropfen sieht so aus, wie man sich einen Tropfen vorstellt. Eigentlich sieht gar kein einziger Regentropfen so aus wie ein klassischer Tropfen.

Diese Form bildet sich nur direkt am Wasserhahn, wenn sich ganz langsam und gemächlich ein Tropfen vom Wasserhahn löst und runter fällt – ein Tropfen wie aus dem Bilderbuch. Regentropfen dagegen, die aus Wolken fallen, sehen anders aus.

Ganz kleine Tropfen zum Beispiel sind kugelrund. Allerdings sind sie wirklich sehr klein, nämlich gerade mal einen zwanzigstel Millimeter groß. Diese Tropfen sieht man eigentlich gar nicht, so wie es bei Nieselregen der Fall ist. Das kennst du – irgendwie wird man nass, obwohl nicht wirklich Regen vom Himmel fällt.

Auch ein Radargerät, das uns Meteorologen auf dem Computer zeigt, wo es gerade in Deutschland regnet und wo nicht, ist mit diesen Minitropfen völlig überfordert. Nieselregen, oder auch Sprühregen genannt, wird auf dem Wetterradar nicht angezeigt.

Schon etwas anders sieht es mit „normalgroßen" Regentropfen aus. Die haben immerhin eine Größe von zwei bis drei Millimetern. Auch das ist noch sehr klein, aber immerhin sichtbar. (Schau mal auf dein Schullineal, die ganz kleinen Striche zwischen den Zentimetern sind die Millimeter). Die normalgroßen Regentropfen sehen allerdings auch nicht aus wie klassische Tropfen, sondern sie sind oben halbkugelförmig und unten eingedellt.

So ein „normalgroßer Tropfen" wiegt etwa ein zwanzigstel Gramm. Er ist also sehr leicht. Wenn aber ganz viele von diesen Regentropfen zusammen kommen, dann bringen sie doch beachtliches Gewicht auf die Waage. Läßt man zum Beispiel eine Wäschewanne im Regen stehen, dann wird aus diesen vielen kleinen normalgroßen Tropfen ein Wasserpaket, das nur ein starker Mann, wie zum Beispiel dein Papa, anheben kann. Diese „normalgroßen" Regentropfen fallen meist bei Dauerregen aus den Wolken, bei sogenanntem Landregen. Und dann wird so eine Wanne schnell voll!

Nun haben wir noch die extrem großen Regentropfen, die meistens bei Schauern und vor allem Gewittergüssen oder Platzregen auftreten. Sie können einen Durchmesser von etwa neun Millimetern haben, sie sind also fast einen Zentimeter groß.

Dabei haben auch sie keine typische Tropfenform, denn dafür sind sie zu schwer. Sie zerreißen auf dem Weg von der Wolke bis zum Erdboden. Das hast du sicher schon mal gesehen, diese Riesentropfen verursachen nämlich Blasen in Pfützen. Sie reißen durch ihre Größe und ihr Gewicht beim Auftreffen Luft mit in die Pfützen hinein, und diese Luft steigt als Blase im Wasser wieder herauf. Wenn du die siehst, weißt du, dass es sich gerade um großtropfigen Regen handelt.

Bildquelle:
www.morguefiles.com

Wie misst man eigentlich, wie viel Regen gefallen ist? Dabei muss man erst mal einen Zeitraum vereinbaren, also beispielsweise eine Stunde. Also fragen wir: Wie viel Regen ist in einer Stunde gefallen? Außerdem braucht man ein Auffanggerät, einen Behälter. Wir Meteorologen nehmen den „Regenpott", du kannst eine Tasse nehmen oder besser noch einen Messbecher, wie ihr ihn zum Backen benutzt. Die sind am praktischsten. Da stehen nämlich schon Messeinheiten drauf. Wir Wetterfrösche müssen dann auch noch wissen, wie groß die Öffnung von diesem Messbecher in Quadratzentimetern ist, weil wir hinterher die Regenmenge immer auf einen ganzen Quadratmeter Boden umrechnen.

Bildquelle:
www.morguefiles.com

Für den Regen gibt es zwei Messeinheiten, die normalerweise benutzt werden: Millimeter (Höhe der Regenwassermenge über dem Boden bzw. im Messbecher) oder Liter pro Quadratmeter (l/qm).

**Regenfront, aus der
ein kräftiger Schauer
fällt.**
Bildquelle:
Dudarev Mikhail
www.shutterstock.com

Damit du dir das etwas besser vorstellen kannst, umrande auf einem Weg oder auf der Wiese ein Viereck, das 1 mal 1 Meter groß ist und kippe dort einen Messbecher mit einem Liter Wasser aus – dann hast du eine bessere Vorstellung davon, was 1 l/qm ist.

Nun ist es natürlich entscheidend, ob großtropfiger Regen vom Himmel fällt oder Nieselregen. Bei Nieselregen kommt nicht viel an Menge zusammen. Manchmal sind es in einer Stunde gerade mal 0,1 Millimeter – dann ist also fast gar nichts in deiner Tasse oder in deinem Messbecher drin, obwohl es eine ganze Stunde vor sich hin genieselt hat.

Wenn es aber einen richtigen Platzregen gibt, kann in einer Stunde leicht eine Regenmenge von 20 bis 50 l/qm zusammenkommen. Dann bekommst du nicht nur eine Tasse voll Regenwasser, sondern zwei bis fünf große Eimer. Die Tropfen sind ja bei Platzregen deutlich größer, zudem fällt dieser Regen schneller. Bei solchen heftigen Regengüssen kommt es manchmal zu Überflutungen von Straßen oder Unterführungen. Auch Keller können volllaufen, denn die Kanalisation kann soviel Regen in so kurzer Zeit nicht aufnehmen. Zum Glück kommt das nicht oft vor. Wenn, dann ist es aber gefährlich, und man sollte am besten zu Hause bleiben.

Jetzt weißt du also, was es für große Unterschiede beim Regen geben kann, obwohl Regen eigentlich immer Regen ist und nass macht.

Bruno weiß, wieviele Regentropfen in eine Tasse passen

Die Frage zu Beginn dieses Kapitels ist immer noch nicht beantwortet. Deshalb rechne ich jetzt ein bisschen:

15 bis 20 normalgroße Tropfen Wasser ergeben einen Milliliter. Um es einfacher zu machen, nehme ich den Zwischenwert, 17,5 Tropfen.

In eine Tasse passen rund 200 Milliliter.

200 x 17,5 = 3500

In eine Tasse passen also 3500 normalgroße Regentropfen. Hättest du gedacht, dass es so viele sind?

Warum ist der Himmel blau?

Jetzt haben wir soviel über Regen, Wolken und Tiefdruckgebiete erfahren. Aber es gibt ja auch manchmal schönes Wetter und damit Sonnenschein und blauen Himmel.

Wenn er wolkenlos ist, leuchtet der Himmel tagsüber manchmal strahlend blau. Dieses Blau springt dich förmlich an. Aber warum ist der Himmel eigentlich blau und nicht zum Beispiel grün? Diese Frage ist nicht ganz leicht zu beantworten, das gebe ich zu, aber wir tasten uns langsam heran.

Die Himmelsfarbe hat mal wieder etwas mit der Sonne zu tun. Welche Farbe hat dabei eigentlich das Sonnenlicht? Es sieht für uns weißlich-gelb aus. Allerdings sieht es wirklich nur so aus, denn das Sonnenlicht enthält die Farben Rot, Orange, Gelb, Grün, Blau und Violett. Kommen dir die Farben bekannt vor? Na klar, das sind die Regenbogenfarben. Die siehst du zum Beispiel auf CDs, wenn du sie etwas hin- und her bewegst. Oder halt in einem Regenbogen. Wir Meteorologen sagen dazu auch Spektralfarben. Du kannst es dir aber einfacher als „Regenbogenfarben" merken.

All diese Farben kann man deutlich in einem Regenbogen unterscheiden, denn in diesem besonderen Fall sind die Farben des Sonnenlichts ganz sauber voneinander getrennt und nebeneinander am Himmel zu sehen.

Kleines Experiment: Licht wird abgelenkt

Die Ablenkung des Sonnenlichts kannst du dir nach Hause holen und einmal genauer anschauen.

Dazu benötigst du eine Glasschüssel, Pappe, Schere, einen Löffel, Paprikapulver und eine Taschenlampe. Schneide in die Pappe einen ganz schmalen Schlitz – er sollte maximal drei Millimeter dick sein. Nun fülle in eine Schüssel Wasser und schütte Paprikapulver rein und rühre ordentlich um. So sieht es ziemlich wolkig in deiner Schüssel aus – wie manchmal am Himmel. Nun verdunkle den Raum und leuchte mit der Taschenlampe durch den Schlitz in das Wasser der Schüssel. Schaue von oben ins Wasser. Nun verändere den Winkel des Lichtstrahls, indem du die Taschenlampe in beide Richtungen etwas drehst und du wirst deutlich erkennen, wie sich der Lichtstrahl im Wasser verändert – das sind Reflektionen.

Mischt man nun all diese sogenannten Spektralfarben des Lichts, dann kommt nicht schmutziges Schwarz heraus, was du bei einer Mischung aller Farben aus deinem Wasserfarbmalkasten erhältst, sondern erstaunlicherweise Weiß – so wie das Sonnenlicht.

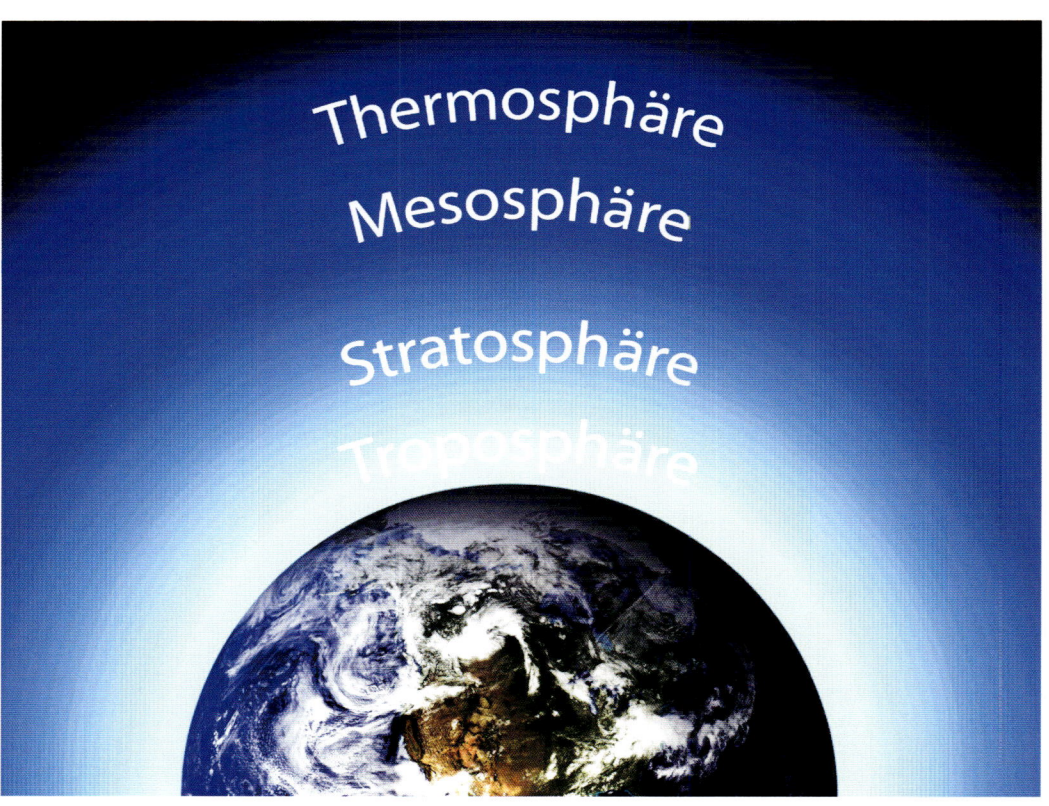

Schichten der Atmosphäre
Bildquelle: John Evans
www.shutterstock.com

Dieses Sonnenlicht trifft nun aber nicht direkt auf die Erde, sondern es muss erst einmal unsere Atmosphäre durchqueren. Sie besteht aus der Tropo-, Strato-, Meso- und Thermosphäre.

Die Atmosphäre ist ja die durchsichtige Hülle aus Luft, die die Erde umgibt und etwa zehn Kilometer dick ist. Wir können sie nicht sehen, aber sie ist da, und sie ist sehr wichtig. Das habe ich ja schon im zweiten Kapitel erklärt. In dieser Atmosphäre schweben ganz viele winzig kleine Staubkörnchen, Wassertröpfchen und Eiskristalle. Außerdem enthält sie noch viel winzigere Bestandteile, nämlich die Moleküle der Gase, aus denen die Luft besteht. Sicher hast du die Namen der Hauptgase, Sauerstoff und Stickstoff, schon mal gehört. Das Sonnenlicht wird nun auf dem Weg durch die Atmosphäre von diesen ganzen kleinen Teilchen umgeleitet, quasi in verschiedene Richtungen zerstreut. Diesen Vorgang bezeichnen wir Wetterfrösche als Lichtstreuung. Auch dieses Wort ist recht kompliziert, aber das brauchen wir noch, um zu verstehen, warum der Himmel blau ist.

Und wenn wir schon bei schwierigen Wörtern sind, machen wir doch gleich weiter: Das Wort Wellenlänge benötigen wir nun noch als letztes kompliziertes Wort, um zum blauen Himmel zu kommen. Was ist eine Wellenlänge? Wellen kennst du ja aus dem Meer, über die kannst du springen, wenn du im Sommer am Meer Urlaub machst. Dabei gibt es Wellenberge, wo das Wasser am höchsten ist, und Wellentäler, wo es ganz niedrig ist. Eine Wellenlänge besteht immer aus einem Wellenberg und dem dazugehörigen Wellental.

Wellentäler und Wellenberge im Meer.

Eine Wellenlänge misst man vom Anfang eines Wellenberges bis zum Ende des anschließenden Wellentales.

Kommen wir nun wieder zum Sonnenlicht, da gibt es auch Wellenlängen: Das Licht einer Farbe ist nämlich eine Welle mit einer bestimmten Wellenlänge. Einfach gesagt, von der Länge dieser Lichtwelle hängt ab, welche Farbe wir sehen. Dabei sind allerdings Lichtwellen sehr viel kleiner als Wasserwellen. Man kann sie mit dem bloßen Auge gar nicht sehen, so winzig klein sind diese Lichtwellen. Die Farbe Blau zum Beispiel hat eine Wellenlänge von 450 Nanometern. Rot die Wellenlänge von etwa 750 Nanometern.

Die Einheit Nano ist kleiner als eine Haaresbreite, so winzig klein, dass man sich das wirklich kaum vorstellen kann. Ein Meter enthält

**Bruno fragt:
Und warum wird dann
der Himmel zum
Abend hin rötlich und
die Sonne manchmal
sogar richtig rot?**

Bildquelle:
www.morguefiles.com

Das liegt daran, dass das Licht abends einen sehr viel längeren Weg durch die Atmosphäre hat als mittags.

Die kurzen Lichtwellen (violett, blau und grün) werden dabei von den Teilchen in der Atmosphäre sehr viel stärker herumgeschubst als die langen (gelb und rot) und dabei ausgebremst, am Ende sogar verschluckt. Unser Auge sieht daher nur noch die gelben und roten Anteile des Sonnenlichts.

eine Milliarde Nanometer, ein Millimeter enthält eine Million Nanometer. Zum Glück sind die Teilchen in der Atmosphäre ja auch sehr sehr klein, somit passt das wieder ganz gut zusammen. Wenn wir versuchen zu verstehen, warum der Himmel blau ist, bewegen wir uns in einer „Winzigwelt", wie Gulliver in Lilliput.

Also: Das Licht saust mit seinen unterschiedlichen Farben durch die Atmosphäre. Und weil es dort ja ganz viele ganz kleine Teilchen gibt, prallt das Licht immer wieder irgendwo gegen. Dabei wird es umgelenkt. Und unterschiedliche Lichtfarben werden aufgrund ihrer Wellenlänge unterschiedlich umgelenkt. Blaues und violettes Licht haben die kürzesten Wellenlängen und werden deshalb sehr viel mehr rumgeschubst als das rote Licht. Das heißt, wenn wir direkt Richtung Sonne schauen (natürlich nur mit einer guten Sonnenbrille), erreicht unser Auge das rote, orange und gelbe Licht eher. Die Sonne erscheint uns deshalb gelblich. Wenn man dagegen nicht direkt Richtung Sonne schaut, sondern einfach nur nach oben zum Himmel, dann sieht man einen blauen Himmel.

Dabei entscheidet die Anzahl der Wassertröpfchen und Staubteilchen, die in der Atmosphäre herumschweben, wie intensiv diese blaue Farbe des Himmels ist. Manchmal fällt dir bestimmt auf, dass der Himmel eher so milchig-blau, fast grau aussieht – dann sind ziemlich viele Wassertröpfchen und Staubteilchen in der Luft vorhanden. Das Sonnenlicht trifft auf diese Teilchen. Die einzelnen Farben des Sonnenlichts werden von ihnen verschluckt oder abgelenkt, so dass nur noch so milchig-blaue, fast graue Farbe übrig bleibt und zu unseren Augen gelangt. Wenn dagegen der Himmel tiefblau ist, dann ist die Luft sehr trocken und sauber. Dann gibt es ganz wenige Staubteilchen und Wassertröpfchen in der Atmosphäre. Die Sauberkeit des Himmels entscheidet also über seine Farbe.

Dass der Himmel übrigens nicht von selbst blau leuchtet, sondern dafür wirklich die Sonne mit ihrem Licht verantwortlich ist, sehen wir nachts, denn da ist es dunkel und der Himmel ist einfach schwarz. Das liegt daran, dass wir ohne die Lichtreflexionen des Tages dann durch die Atmosphäre direkt in den Weltraum schauen. Und der ist schwarz.

Und je tiefer die Sonne steht, desto roter wird sie, und desto schwächer wird ihr Licht.

Deshalb kann man auch direkt in die untergehende Sonne schauen.

Gleichzeitig wird das Licht in der Atmosphäre immer schwächer.

Dadurch wird er auch an der Seite am schnellsten dunkel, die entgegengesetzt zur Sonne liegt.

Bildquelle:
www.morguefiles.com

**Die blau leuchtende Atmosphäre der Erde vor dem schwarzen Weltall,
vom Satelliten aus gesehen**

Bildquelle:
NASA PIA12032

Warum ist ein Regenbogen rund?

Jetzt wissen wir also schon, wie groß Regentropfen sind und warum der Himmel blau ist. Eine Kombination aus Regentropfen und blauen Himmel gibt es aber auch, das kennt jeder, einen Regenbogen. Man sieht ihn nicht häufig, aber wenn, dann ist er schön anzusehen.

Einfach gesagt tritt ein Regenbogen auf, wenn die Sonne scheint und es regnet. Die Erklärung dafür ist allerdings ein wenig kompliziert.

Du weißt ja schon aus dem letzten Kapitel, dass das Sonnenlicht aus den Regenbogenfarben besteht, also Rot, Orange, Gelb, Grün, Blau und Violett. Wenn man aber Richtung Sonne schaut, sieht man weißes Licht.

Bevor das Sonnenlicht unser Auge erreicht, muss es erst mal einen langen Weg durch die Atmosphäre nehmen. Dabei wird es an Luftteilchen, minikleine Wassertröpfchen, Eiskristalle, Staub und andere kleine Teilchen gestreut, umgelenkt. Wenn das Sonnenlicht hingegen auf größere Teilchen trifft, wie zum Beispiel Wassertropfen in einer Regenwolke, kann mehr passieren. Dann wird das Licht auch reflektiert, das heißt zurückgeworfen. Oder es kann gebrochen werden, wie ein Spielzeug, das sich in seine Bestandteile auflöst. Diese beiden Sachen – das Reflektieren und das Brechen von Licht – sind entscheidend, wenn man verstehen will, wie ein Regenbogen funktioniert.

Damit man überhaupt einen Regenbogen sehen kann, muss die Sonne einem in den Rücken scheinen, und sie darf nicht zu hoch am Horizont stehen. Außerdem braucht man vor sich natürlich einen Regenschauer.

Im Sommer gegen Mittag wird man also nie einen Regenbogen am Himmel entdecken. Regenschauer oder Gewitter am Morgen oder Abend sind dagegen ideal für Regenbogen.

Wenn nämlich das Sonnenlicht auf einen Wassertropfen trifft, der gerade aus einer Regenwolke fällt, dann werden die Sonnenstrahlen beim Eintritt in diesen Wassertropfen gebrochen. Das Sonnenlicht geht dann nicht mehr gerade durch diesen Tropfen durch, sondern wird geknickt und auf der gegenüberliegenden Innenseite des Wassertropfens auch noch reflektiert, also zurückgeworfen. Und wenn der zurückgeworfene Sonnenstrahl aus dem Wassertropfen wieder austritt, wird er noch einmal gebrochen, also abgelenkt. Das heißt, dreimal hintereinander verändert das Licht blitzschnell seine Richtung. Da wird einem schon bei der Vorstellung schwindelig.

Glasprisma mit Aufspaltung des Lichts in Regenbogenfarben durch Brechung und Reflektion

Nun besteht ja das Sonnenlicht aus den Regenbogenfarben, die unterschiedliche Wellenlängen haben. Violett hat die kürzeste Wellenlänge, rot die längste. Wenn das Licht an der Tropfenwand gebrochen wird, bedeutet das nichts anderes, als dass jede dieser Wellenlängen einen anderen Knick bekommt. Dadurch zerfächert der Lichtstrahl und zerlegt sich in seine Regenbogenfarben, spaltet sich also in die Farben Rot, Orange, Gelb, Grün, Blau und Violett auf.

Dabei ist bei einem Regenbogen immer die innerste Farbe violett und außen befindet sich die rote Farbe. Manchmal kann man neben dem eigentlichen Regenbogen noch einen sogenannten Nebenregenbogen sehen. Der entsteht, wenn ein Teil des Sonnenlichts im Wasser-

Kleines Experiment: Mache dir deinen eigenen Regenbogen auch ohne Regen, nur mit Sonne.

Dazu brauchst du eine flache Schale, die du etwa zwei Zentimeter mit Wasser füllst. Zudem benötigst du einen kleinen Spiegel und ein Blatt Papier. Und die Sonne muss scheinen.

Halte den Spiegel ziemlich schräg in die Wasserschale, sodass die Sonne auf den Spiegel scheint. Nun halte das Papier dem Spiegel gegenüber, hier müssten jetzt die Regenbogenfarben zu sehen sein.

Das Sonnenlicht wird im Wasser und am Spiegel gebrochen und reflektiert und in seine Farben, die Regenbogenfarben zerlegt.

tropfen zweimal reflektiert wird. Daraus ergibt sich dann aber auch, dass die Farben anders herum erscheinen. Bei einem Nebenregenbogen ist also die innerste Farbe Rot und die äußere Farbe Violett.

Und warum ist so ein Regenbogen eigentlich rund? Die Sonne ist ja eine Kugel, die von uns aus gesehen wie eine flache helle Scheibe wirkt. Sozusagen eine perfekt runde Scheibe aus Licht, die auf die Erde herabstrahlt. Wenn nun Licht aus einer Scheibe nach außen weggeknickt wird, was bekommst du dann? Genau, einen Ring oder einen Kreis. Deswegen ist jeder Regenbogen ein perfekter Kreis. Der Radius des Kreises, (das heißt die Entfernung vom Mittelpunkt zum Kreis) beträgt 42 Grad, also etwa die Hälfte eines rechten Winkels.

Aber du siehst von diesem Regenbogenkreis meistens nur einen Teilbogen. Warum ist das so?

Die Antwort darauf ist ziemlich kompliziert, aber ich will es mal versuchen: Wenn man theoretisch eine Linie von der Sonne zu dir zieht und diese Linie verlängert, dann kommt man zum sogenannten Sonnengegenpunkt. Wenn es also Mittag ist und die Sonne genau über dir steht, dann läuft diese gedachte Linie durch dich hindurch und endet im Erdinneren. Weil es natürlich in der Erde keinen Regen gibt, siehst du auch keinen Regenbogen.

Auch wenn die Sonne etwas tiefer am Horizont liegt (am frühen Nachmittag oder am späten Vormittag), liegt der Sonnengegenpunkt noch unter der Erde. Oder, wie wir Wissenschaftler sagen: Solange die Sonne hoch über dem Horizont steht, befindet sich der Sonnengegenpunkt unterhalb des Horizonts. Du siehst also immer noch keinen Regenbogen.

Erst dann, wenn die Sonne sich in der Nähe des Horizonts oder darunter befindet, wandert der Sonnengegenpunkt so hoch, dass wir ihn sehen können. Erst dann erscheint der Regenbogen.

Und die untere Hälfte des Regenbogens siehst du deshalb nicht, weil sie ganz einfach unter dem Horizont liegt. Sozusagen in der Erde, oder im Schatten der Erde. Und da der Regenbogen aus Licht besteht, gibt es ihn im Schatten nicht.

Eine kleine Ausnahme dazu gibt es natürlich: Wenn du selbst an einem erhöhten Punkt stehst, also zum Beispiel auf einem Berg oder in einem Flugzeug, dann liegt der Sonnengegenpunkt so hoch, dass du den Regenbogen als kompletten Kreis sehen kannst.

Wenn wir in diesem Kapitel viel über Brechung und Reflexion des Sonnenlichts reden, möchte ich dir auch noch die merkwürdigen Lichterscheinungen Halo und Nebensonne erklären, denn sie entstehen ähnlich wie ein Regenbogen und sind schön anzusehen. Zudem kannst du deine Freunde oder Erwachsene beeindrucken, wenn du so ein Lichtgebilde mal siehst und du es ihnen erklären kannst.

Kommen wir zuerst zum Halo. Das sieht erst mal aus wie ein falsch geschriebenes „Hallo". Ist es aber nicht. Es ist ein Kranz oder ein Ring um Sonne oder Mond, den man manchmal sehen kann.

Halos entstehen durch Brechung des Sonnenlichts an Eiskristallen und treten auf, wenn hohe Schleierwolken, die sogenannten Cirruswolken am Himmel hängen. Sie befinden in etwa in sieben bis zehn Kilometern Höhe. Und dort ist es eisig kalt. Die Eiskristalle in diesen Cirruswolken haben meist eine sechseckige Form. Ein Sonnenstrahl

Hochstehende Sonne- kein Regenbogen zu sehen

Niedrigstehende Sonne- der Regenbogen ist zu sehen

Niedrigstehende Sonne- Standpunkt sehr hoch: der Regenbogen ist als kompletter Kreis zu sehen

Bildquelle:
www.colorstockphoto.com

73

oder ein Mondlichtstrahl trifft auf dieses sechseckige Eisplättchen und wird beim Ein- und Austritt gebrochen. Das Ergebnis ist ein heller, manchmal auch leicht farbiger Ring um Sonne oder Mond. Er sieht aus wie eine Art Heiligenschein.

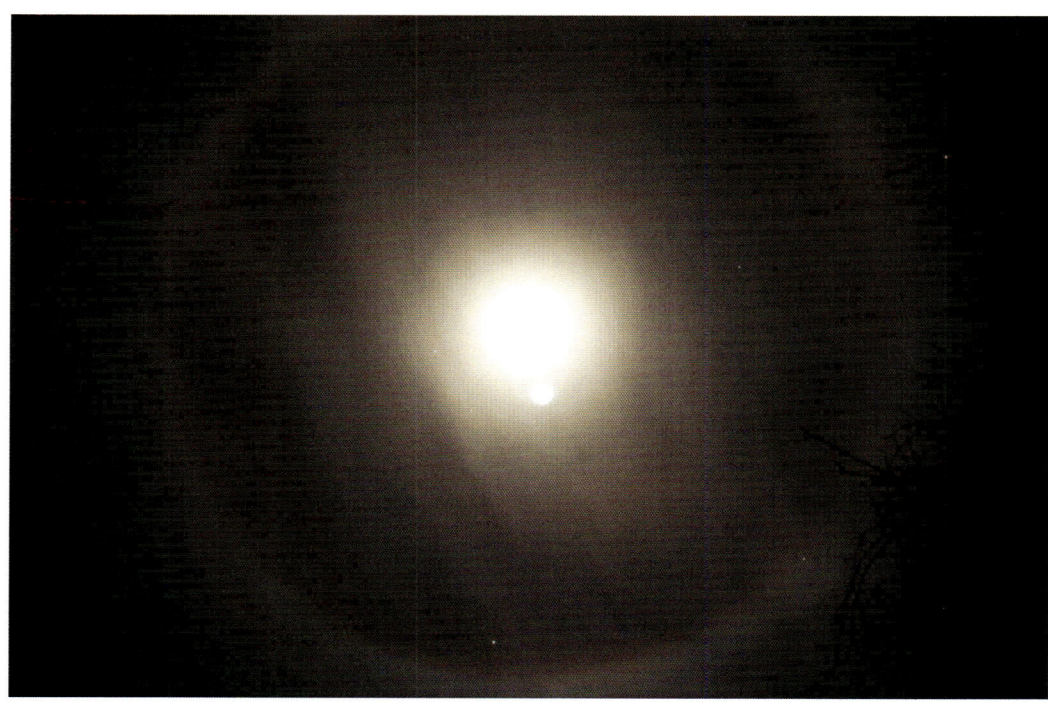

Nebensonnen
Bildquelle:
Fargo
www.wukipedia.org

Nun haben wir noch die Nebensonnen.

Auch bei Nebensonnen sind Brechung und Reflexion des Sonnenlichts entscheidend. Nebensonnen sind eigentlich nur eine andere Art Halo. Auch hier wird das Sonnenlicht an kleinen Eiskristallen in Schleierwolken gebrochen und reflektiert.

Für Nebensonnen sind dünne Eisplättchen verantwortlich, die waagerecht in der Luft schweben. Das weiße Sonnenlicht trifft auf diese Eisplättchen und tritt nach einigen Reflexionen und Brechungen in einem bestimmten Winkel wieder aus den Eisplättchen. Dabei wird das Sonnenlicht aufgespalten, und es erscheinen wieder die Regenbogenfarben. Man sieht dann neben der Sonne auf gleicher Höhe etwas, das aussieht wie zwei kleinere, schwächere Sonnen, die in allen Regenbogenfarben schimmern. Manchmal erscheinen solche Nebensonnen auch nur auf einer Seite der Sonne.

Warum blitzt es manchmal nur und donnert nicht?

Kleines Experiment: Elektrizität erzeugen

Puste zwei Luftballons auf und reibe sie in einem dunklen Raum getrennt voneinander an einem Kissen oder an einer Decke. Halte sie dann so gegeneinander, dass sie die spitzen Enden (also genau gegenüber vom Knoten) berühren. Nun müsstest du kleine Lichtblitze sehen und ein leises Knistern hören. Also ein kleines privates Minigewitter bei dir zu Haus, das völlig ungefährlich ist.

Nun kommen wir zu etwas, wovor der ein oder andere vielleicht Angst hat. Manche finden es aber auch faszinierend und toll. Es geht um Gewitter. Sie sind auf alle Fälle ein großes Naturphänomen.

Am häufigsten treten Gewitter im Sommer auf. Am Vormittag ist der Himmel noch strahlend blau, dann bilden sich ein paar Quellwölkchen, die im Tagesverlauf wachsen und immer immer größer werden. Am Nachmittag oder Abend verdunkeln sich die dicken Wolken dann, der Wind frischt auf, es fängt mächtig an zu regnen. Blitze zucken vom Himmel und ein lautes Donnergrollen ist zu hören. Da kann einem schon Angst und Bange werden. Nach kurzer Zeit ist das Unwetter aber meist vorbei, und das Sommerwärmegewitter ist weitergezogen.

Wie entstehen solche Sommergewitter? Dafür müssen auf alle Fälle zwei Dinge zusammenkommen: Es muss viel Energie in der Atmosphäre sein. Und viel Feuchtigkeit. Das ist häufig an schwülheißen Tagen im Sommer der Fall. Die Sonne brennt vom Himmel. Sie erhitzt den Erdboden und die Seen rasch, viel Wasser verdunstet und gelangt in die Atmosphäre. Die Luft über dem Erdboden steigt mitsamt der Feuchtigkeit auf.

Weiter oben ist es allerdings kälter. Das Phänomen ist uns ja schon zuvor begegnet. Und du weißt ja: Die kalte Luft kann nicht soviel

Cumolonimbus
Bildquelle: Daniel Loretto
www.shutterstock.com

Amboss, oberer Teil der Gewitterwolke
Bildquelle: Petronilo D. Dangoy jr.
www.shutterstock.com

Gewitter
Bildquelle: kavram
www.shutterstock.com

Kleine Hagelkörner
Bildquelle: intraclique LLC
www.shutterstock.com

Große Hagelkörner
Bildquelle: HABRDA
www.shutterstock.com

Feuchtigkeit aufnehmen wie warme Luft. Deshalb bilden sich erste kleine Wolken. Diese wachsen im Laufe des Tages und werden immer größer, da von unten neue Feuchtigkeit nachkommt. Bald sehen die kleinen Wölkchen aus wie riesige „Blumenkohlwolken". Aber auch diese Wolken wachsen weiter und werden zu riesigen, hochreichenden Gewitterwolken. Wir Meteorologen nennen sie Cumulonimbus. Sie können eine Höhe von acht bis zwölf Kilometern erreichen.

Am oberen Rand der Wolke wehen kräftige Winde. Sie reißen die Wolken hier auseinander, sodass ein sogenannter Amboss entsteht. Der sieht aus wie ein riesiger Pilz. Wenn du so etwas siehst, kannst du dir recht sicher sein, dass es sich um eine Gewitterwolke handelt.

Gewitterwolken sind also sehr hochreichende Wolken. Der untere Rand der Gewitterwolke befindet sich dabei nah am Boden. Hier ist es relativ warm, deshalb besteht dieser Teil der Wolke aus Wasser. Je höher man kommt, desto kälter wird es ja. Im oberen Teil der Gewitterwolken herrschen Minusgrade, und es bilden sich dort Eiskristalle. In so einer Wolke ist richtig viel los. Es wehen starke Winde durch die Temperaturunterschiede. Und diese Winde wirbeln die Wassertropfen aus dem unteren Teil der Wolke in die Höhe und lassen die Eiskristalle von oben nach unten fallen. Es sieht also in dieser Gewitterwolke ein bisschen so aus wie in einem Küchenmixer, in dem alles durcheinandergewirbelt wird. Wenn nun Wassertropfen und Eiskristalle zusammenprallen, tun sie sich zu größeren Tropfen oder zum Teil auch zu Hagelkörnern zusammen. Durch das Hoch- und Runterschleudern wachsen diese Regentropfen oder Hagelkörner immer weiter. Und wenn sie irgendwann zu schwer sind, dann fallen sie aus der Wolke zu uns zum Erdboden und es regnet oder hagelt.

Aber aus Gewitterwolken fällt ja nicht nur Regen oder Hagel, sondern es blitzt und donnert dabei auch furchterregend.

Auch um das zu verstehen, müssen wir uns den unteren Teil und den oberen Teil der riesigen Wolke etwas genauer anschauen. Im oberen Teil sammeln sich nämlich positive elektrischen Ladungen und im unteren Teil negative elektrischen Ladungen.

Was sind denn elektrische Ladungen? Sicher hast du schon ab und zu mal „eine gewischt bekommen", also einen kleinen elektrischen Schlag erhalten, wenn du eine Autotür angefasst hast oder mit Turnschuhen auf einem Teppich gelaufen bist und dann jemanden die Hand gegeben hast. Solche kleinen Stromschläge sind harmlos und haben ganz geringe Stromstärken.

Das Gleiche passiert in einem viel größeren Maßstab in einer Gewitterwolke. Die Regentropfen und Hagelkörner übertragen bei ihren ganzen Zusammenstößen elektrische Ladungen. Das geht so vonstatten, dass ein Hagelkorn einem Regentropfen sozusagen im Vorbeifliegen Teilchen abgibt, sogenannte Elektronen. Dabei befinden sich im oberen Teil der Wolke ja die Eiskristalle. Sie haben weniger Elektronen und damit eine positive Ladung. Im unteren Teil der Wolke, wo sich ein Großteil der Regentropfen aufhält, gibt es zu viele Elektronen. Hier herrscht also eine negative Ladung.

Wie du schon weißt, hat die Natur das Bestreben, alles was unterschiedlich ist, auszugleichen. Auch bei den verschiedenen elektrischen Ladungen in einer Gewitterwolke hat die Natur diese Funktion. Und sie macht das nicht etwa still und leise, sondern mit Hilfe von Blitz und Donner.

Noch ein kleines Experiment: Baue deinen eigenen Donner

Dazu brauchst du ein DIN A3-Blatt, das heißt ein Papier in der Größe etwa 30 mal 40 Zentimeter.

1) Falte es einmal längs, also knicke es einmal in der Mitte, wenn die längere Seite parallel vor dir liegt. Nun öffne es wieder.

2) Falte die vier Ecken einzeln zur Mittellinie, achte darauf, dass sie ganz genau an der Mittellinie anliegen – das ist wichtig.

3) Knicke nun das Papier an der Mittelfalte zu dir, sodass die Ecklappen innen liegen. Nun hast du quasi ein Dreieck mit abgeschnittener Spitze vor dir liegen.

4) Jetzt brauchst du wieder eine Mittellinie, deshalb falte das Dreieck von rechts nach links in der Mitte und klappe es wieder auf.

5) Klappe nun die oberen beiden Spitzen zu dir um, sodass sie parallel zur Mittellinie aneinander liegen. Falte das Papier an dieser Linie nach hinten, sodass die beiden Spitzen zu dir zeigen.

Der Donner, ein sogenannter Kracher, ist fertig. Nehme den Kracher so in die Hand, dass die lange Seite des Dreiecks nach unten zeigt und schleudere ihn rasch aus dem Handgelenk nach unten. Ein lauter Knall, ein Donner müsste zu hören sein.

Es bildet sich ein Blitzkanal, in dem die überschüssigen Elektronen dorthin fließen, wo bisher zu wenige waren, also von der negativen zur positiven Ladung. Das sind unvorstellbar viele Elektronen, die da auf einmal durch diesen Blitzkanal rauschen. Und genau das, dieses schnelle Sausen der Elektronen von der negativen zur positiven Ladung, sehen wir am Himmel als Blitz.

So ein Blitzkanal ist dabei nicht gerade, sondern springt im Zickzack von einem Punkt zum anderen und verzweigt sich meist noch.

Manche dieser Blitze entladen sich dabei zwischen den Wolken oder in den Wolken, denn die bestehen ja aus Wasserteilchen, und dieses Wasser leitet nun einmal die Blitzenergie ganz vorzüglich.

Einige Blitze bilden sich aber auch zwischen der Wolke und der Erde. Dabei sind die Elektronen ganz schön faul und suchen sich immer den kürzesten und bequemsten Weg. Deshalb schlagen sie am liebsten in hohe Gebäude und hochgewachsene Bäume ein. Noch

lieber nehmen sie Blitzableiter, denn die sind nicht nur ganz oben auf der Spitze eines Gebäudes, sondern sie bestehen auch noch aus Metall. Und eine dicke Strippe aus Metall ist für die Blitz-Elektronen dasselbe wie für unsere Autos eine superbequeme und schnelle Autobahn.

Diese Blitze transportieren wirklich irre Mengen an Energie. Mit einem einzigen Gewitter könnte man eine ganze Stadt ein Jahr lang mit Strom versorgen, wenn man diese Energie abzweigen, nutzbar machen und speichern könnte. Das geht aber leider nicht, weil wir noch keine Möglichkeit gefunden haben, so viel Energie auf einen Schlag einzufangen.

Wenn alle elektrischen Ladungen zwischen der Erde, der Luft und den Wolken wieder ausgeglichen sind, ist das Gewitter vorbei und alles wieder im Einklang, im Gleichgewicht.

Allerdings blitzt es ja nicht nur, sondern donnert es bei einem Gewitter auch gewaltig. Wie kommt es dazu? Um das zu verstehen, muss ich dir erst mal etwas ausführlicher das Wort Reibung erklären. Wenn du deine Hände ganz schnell aneinander reibst, dann werden sie warm. Das Gleiche passiert im Blitzkanal, durch den die Elektronen flitzen. Die ihn umgebende Luft wird durch die Bewegung der Elektronen stark erhitzt, sodass sie sich explosionsartig ausdehnt. Es gibt einen lauten Knall. Und das ist unser Donner.

Da das Licht schneller ist, als der Schall, sehen wir immer erst den Blitz und hören dann den Donner.

Der eine oder andere hat Angst vor Gewittern. Und sie sind ja auch oft unheimlich laut und gespenstisch. Aber eigentlich muss man vor

Bruno rät:
Hier sind die sicheren Orte, wo dir bei Gewitter nichts passieren kann

1) Gut aufgehoben bist du bei einem Gewitter auf alle Fälle im einem Haus, besonders, wenn es einen Blitzableiter hat.

2) Auch in einem Auto kann dir nichts passieren, denn das ist ein sogenannter Faraday'scher Käfig. Wenn der Blitz hier einschlüge, würden die Elektronen über die metallische Außenhülle des Autos und die Räder zum Erdboden abgeleitet werden. Im Auto selbst passiert dir nichts.

3) Das gleiche gilt für einen Zug oder ein Flugzeug. Wobei es dabei in einem Flugzeug schon mal ordentlich schaukeln kann. Aber Flugzeuge haben alle einen Wetterradar. Sie weichen dem Gewitter meist einfach aus.

**Bruno warnt:
Jetzt kommen Orte,
wo du dich auf keinen
Fall bei Gewittern auf-
halten solltest**

1) In einem See oder im Freibad ist es sehr gefährlich, wenn es blitzt und donnert. Wasser leitet nämlich elektrische Ladungen sehr gut. Zudem ist der Kopf eines Schwimmers die höchste Erhebung im Wasser, und der Blitz sucht sich immer das Höchste, was er finden kann. Man sollte also so schnell wie möglich aus dem Wasser verschwinden, wenn ein Gewitter im Anmarsch ist.

2) Auch Fahrradfahren ist keine gute Idee, wenn es blitzt und donnert.

3) Zudem sollte man sich keinen Schutz unter einem hohen Baum suchen. Der kann zwar vor

ihnen keine Angst haben, solange man sich richtig verhält. Und das auch erst dann, wenn das Gewitter wirklich da ist. Deshalb verrate ich dir jetzt einen kleinen Trick, wie du rausbekommst wo sich das Gewitter gerade befindet:

Durch den zeitlichen Abstand zwischen Blitz und Donner kannst du nämlich herausfinden, wie weit das Gewitter weg ist. Vor Gewittern, die genau über dir sind, solltest du gehörig Respekt haben. Alle anderen können dir nichts tun.

Wenn du den Blitz siehst und mit Hilfe einer Stoppuhr, des Sekundenzeigers einer Armbanduhr oder langsames Zählen die Zeit mißt, bis du den Donner hörst, kannst du daraus schließen, wie weit das Gewitter weg ist.

Kleiner Hinweis: Zähle am besten einundzwanzig, zweiundzwanzig, dreiundzwanzig..., denn die Zahlen von eins bis zwanzig sind beim Sprechen zu kurz, um wirklich eine volle Sekunde auszufüllen.

Du musst die Sekunden zwischen Blitz und Donner durch drei teilen, dann erhältst du die Entfernung des Gewitters in Kilometern. Hast du beispielsweise sechs Sekunden gezählt, dann musst du das durch drei teilen und kommst auf zwei – das Gewitter ist also etwa zwei Kilometer entfernt. Nur wenn Blitz und Donner zur gleichen Zeit auftreten, dann ist das Gewitter genau über dir. Dann sollte man einige Vorsichtsmaßnahmen ergreifen, damit es nicht gefährlich wird.

Wenn dich tatsächlich ein Gewitter mal überrascht und du auf einem freien Feld unterwegs bist, suche dir eine Kuhle und hocke dich dort herein. Stelle die Beine möglichst nah zusammen und nehme den Kopf an die Brust.

In dieser Stellung warte, bis das Gewitter vorbeigezogen ist. Das dauert ja meistens nicht so lang. Du wirst zwar furchtbar nass, und es ist sicher nicht angenehm, aber dafür die sicherste Position in deiner Lage. Auf jeden Fall solltest du dich nicht flach hinlegen. Da wäre die Angriffsfläche für den Blitz viel zu groß.

Wenn du die Wolken und den Wind beobachtest, kannst du meist schon rechtzeitig erkennen, ob es gleich anfangen wird zu gewittern. Wenn düstere Wolken heranziehen und der Wind stark auffrischt, dann dauert es meist nicht mehr lang, bis das Gewitter bei dir ist. Diese Zeit kannst du noch nutzen, um dich in Sicherheit zu bringen.

Nun hieß das Kapitel aber eigentlich: Warum blitzt es manchmal und donnert es nicht?

Genau diese Frage hab ich dir noch nicht beantwortet.

So schwer ist es aber eigentlich nicht: Das Ganze nennt man auch Wetterleuchten. Das ist nichts anderes als ein Gewitter in sehr weiter Entfernung. Am Horizont sieht man Blitze zucken, aber den Donner hört man nicht, denn er ist zu weit weg. Dabei erscheint der Blitzkanal nicht mehr so hart, denn die Blitze werden von den Wolken reflektiert, zurückgeworfen, und die Wolken drum herum werden angeleuchtet – das Gewitter sieht dadurch harmloser aus. Das Ganze ist oft richtig schön anzusehen und wirklich ungefährlich, denn die Gewitterwolken sind viele Kilometer weit weg.

dem Regen schützen bei einem Gewitter. Aber da ja der Blitz meist in den höchsten Punkt einschlägt, sind vor allem allein stehende Bäume Anziehungspunkte für Blitze.

Vom Blitz getroffener Baum
Bildquelle: www.morguefiles.com

4) Auch ganz allgemein im Wald ist es bei Gewittern nicht sicher, da es dabei häufig auch stürmt und dabei Äste von den Bäumen gerissen werden, die dich treffen könnten.

5) Auch oben auf einem Berg sollte man bei Gewittern nicht sein, genauso wenig wie auf freien Feldern. An beiden Orten bist du der höchste Punkt und könntest leicht vom Blitz getroffen werden.

Warum hat ein Hurrikan nur ein Auge?

Nun bleiben wir bei den gefährlichen Wettererscheinungen, machen aber einen Ausflug über den Atlantik. Es geht um Wirbelstürme und Hurrikans. Davon hast du sicher schon mal gehört. Wenn ich an Grundschulen etwas über das Wetter erzähle, mache ich danach immer noch eine Fragerunde. Die meisten Fragen, die mir da gestellt werden, sind zu Hurrikans. Dieses Thema scheint viele Kinder brennend zu interessieren. Deshalb nehmen wir das jetzt mal ein bisschen näher unter die Lupe.

Hurrikans sind gewaltige, tropische Wirbelstürme mit einer unvorstellbaren Zerstörungskraft. Sie sind riesig groß und können einen Durchmesser von einigen hundert Kilometern haben. Die größten sind bis zu 650 Kilometer breit. Und Hurrikans sind starke Stürme. Windgeschwindigkeiten von über 200 Kilometern pro Stunde sind möglich. Das ist ungefähr so viel wie die Durchschnittsgeschwindigkeit in einem Formel 1-Rennen.

Diese Wirbelstürme bilden sich über dem Meer. Das kann aber nicht irgendein Meer sein. Hurrikans sind tropische Stürme. Sie entstehen nur, wenn die Wassertemperatur des Meeres bei mindestens 27 Grad Celsius liegt. Selbst der Südatlantik in der Karibik ist meist nur während der Hurrikan-Saison vom 1. Juni bis zum 20. November so warm. Unsere Nord- und Ostsee sind also schlichtweg zu kalt für Hurrikane. Und selbst wenn sie warm genug wären – sie sind auch noch zu klein. Ein Hurrikan braucht für seine Entstehung eine sehr

Nehme eine Schüssel und fülle sie mit lauwarmen Wasser. Je größer die Schüssel ist, desto besser. Rühre nun langsam das Wasser in der Schüssel mit einem Löffel um, sodass das Wasser in Bewegung kommt. Gebe jetzt ein paar Tropfen Lebensmittelfarbe in die Mitte der Schüssel und beobachte wie sich die Farbe verteilt, ausbreitet. Genauso sehen die Wolken in einem Hurrikan aus. Die fast wolkenfreie Zone ganz in der Mitte ist das „Auge".

große Fläche warmen Wassers. Und auf diese Fläche muss dann auch noch sehr lange die Sonne scheinen. Außerdem muss es noch ein Tiefdruckgebiet, das viel Feuchtigkeit in sich hat, geben. Das sind die Voraussetzungen für die Entstehung eines Hurrikans.

Es beginnt wie in jeden normalen Tiefdruckgebiet. Durch die Sonne verdunstet warmes Wasser, die Luft über dem Meer füllt sich mit Feuchtigkeit, steigt auf und es bilden sich Wolken.

Damit fehlt direkt über dem Meer genau die Luft, die aufgestiegen ist. Von der Seite rückt andere Luft nach. Diese Luft kommt nicht geradeaus angeflogen, sondern schräg von der Seite (das liegt daran, dass sich die Erde ja dreht und dabei diese breite Luftströmung herumzerrt). Dadurch entsteht ein riesiger und immer schneller werdender Wirbel. Wie das Wasser in der Badewanne, wenn du den Stöpsel rausziehst, nur dass hier nicht Wasser nach unten, sondern feuchte Luft nach oben wegwirbelt. Genauso sieht das aus!

Ein tropischer Sturm ist geboren.

Da das Wasser so warm ist und die Sonne weiter scheint und viel Feuchtigkeit verdunsten lässt, kommt immer wieder neue Energie vom Meer nach, und die Windgeschwindigkeit im Tropensturm steigt und steigt. Der Sturm kann wachsen und stärker werden. Ab einer bestimmten Windgeschwindigkeit nennt man das Ganze dann Hurrikan. Nicht aus jedem Tropensturm wird sich ein Hurrikan bilden. Manche schwächen sich wieder ab, weil es inzwischen kälter geworden ist.

Häufig zieht so ein Hurrikan tagelang auf dem Meer herum. Manchmal verliert er seine Kraft und fällt harmlos in sich zusammen.

Manchmal aber verstärkt er sich weiter, erreicht irgendwann das Land und richtet furchtbare Verwüstungen an.

Es gibt Meteorologen, die sich das ganze Jahr über nur mit Hurrikans beschäftigten. Sie beobachten ihre Entstehung und wie sie sich bewegen. Diese Hurrikan-Experten können mittlerweile recht gut vorhersagen, wie stark ein Hurrikan wird und wo er hinzieht. Es werden Flugzeuge in die Höhe geschickt, die direkt in die Mitte des Hurrikans hineinfliegen und dort Messungen und Fotos machen. Damit kann man den Sturm besser einschätzen. Diese Fotos aus dem "Auge" eines Hurrikans sind oft sehr spektakulär.

Hurrikan mit "Auge", vom Satelliten aus gesehen

Bildquelle:
Mechanik
www.shutterstock.com

Das „Auge" eines solchen Sturmes ist also die Mitte, um die sich der Sturm dreht. Komischerweise ist es im Auge des Sturms immer ganz ruhig, sogar richtig windstill! Und weil so ein Sturm ohnehin nicht hinschaut, wo er lang läuft, braucht er auch keine zwei Augen. Er hat immer nur dieses eine!

Direkt um das „Auge" herum werden die höchsten Windgeschwindigkeiten erreicht, außerdem treten heftige Regengüsse auf. Und es kann zu einer riesigen Flutwelle an der Küste kommen, die vereinzelt eine Höhe von zehn bis 15 Metern erreicht.

Durch das viele Wissen über die Hurrikans sterben heutzutage nicht mehr so viele Menschen durch diese Naturgewalt wie früher, denn die bewohnten Küstenstreifen können sich auf den Hurrikan vorbereiten. Die Menschen in den Küstenregionen, wo der Hurrikan erwartet wird, werden evakuiert. Die Leute ziehen häufig in dieser Zeit zu Freunden oder Verwandten, die nicht direkt am Meer leben, aber Häuser und ganze Ortschaften werden dennoch zerstört.

Zum Glück zieht ein Hurrikan sehr langsam. So ein Sturmsystem bewegt sich manchmal mit nur 20 Kilometern pro Stunde in Richtung Küste, selbst wenn innerhalb des Sturmes Windgeschwindigkeiten von teils über 200 Kilometern pro Stunde erreicht werden.

Hurrikan ist nicht gleich Hurrikan, es gibt stärkere und schwächere. Dafür wurde eine Skala erfunden, damit man sie unterscheiden kann. Die hat sich der Forscher und Wissenschaftler Saffir Simpson ausgedacht. Sie wurde nach ihm benannt:

Die Saffir-Simpson-Hurrikan-Skala

Stufe / Kategorie	Windgeschwindigkeit			Anstieg des Wasserspiegels
	Knoten	mph	km/h	m
Tropisches Tief	< 34	< 39	< 63	≈ 0
Tropischer Sturm	34 bis 64	39 bis 73	63 bis 118	0,1 bis 1,1
Hurrikan Kategorie 1	64 bis 82	74 bis 95	119 bis 153	1,2 bis 1,6
Hurrikan Kategorie 2	83 bis 95	96 bis 110	154 bis 177	1,7 bis 2,5
Hurrikan Kategorie 3	96 bis 112	111 bis 129	178 bis 208	2,6 bis 3,8
Hurrikan Kategorie 4	113 bis 136	130 bis 156	209 bis 251	3,9 bis 5,5
Hurrikan Kategorie 5	> 136	> 156	> 251	> 5,5

Ein Hurrikan der Kategorie 5 ist also der gefährlichste. Solche Stürme kommen zum Glück nicht allzu oft vor. Hurrikan „Katrina" im Jahre 2005 war so einer. Er hat im Süden der USA viele Todesopfer gefordert, heftige Schäden verursacht und weite Teile der Stadt New Orleans überflutet und verwüstet.

Wenn ein Hurrikan die Küste erreicht hat, schwächt er sich ab und verliert an Kraft. Er bekommt keine neue Energie vom Meer. Das Land bremst den Wirbelsturm. Er zieht weiter landeinwärts. Dann

Verwüstungen nahe
New Orleans nach
dem Hurrikan
„Katrina"
Bildquelle:
www.morguefiles.com

werden zwar nicht mehr so hohe Windgeschwindigkeiten erreicht, aber es kann noch tagelang heftig regnen und Überschwemmungen geben.

Außer Hurrikans existieren noch andere tropische Wirbelstürme auf der Welt. Sie bilden sich genauso wie Hurrikans und sind auch ebenso zerstörerisch, aber sie heißen anders.

Als Hurrikan bezeichnet man nämlich nur tropische Wirbelstürme, die sich auf dem Atlantik bilden. Wenn ein tropischer Wirbelsturm auf dem Pazifik entsteht, spricht man von einem Taifun. Bildet er sich über dem Indischen Ozean, nennt man ihn Zyklon. Diese Stürme funktionieren ganz genauso wie ein Hurrikan, nur halt über anderen Weltmeeren. Dann gibt es noch die sogenannten Willy-Willys, das sind tropische Wirbelstürme, die rund um Australien auftreten.

Was ist eine Tornado-Allee?

Im letzten Kapitel hast du ja eine Menge über Hurrikans erfahren. Nun kommen wir zu einem weiteren sehr zerstörerischen Sturm, dem Tornado. Er ist zwar nicht so großflächig wie ein Hurrikan, aber es werden zum Teil noch höhere Windgeschwindigkeiten erreicht. In Ausnahmefällen wurden schon mal über 400 Kilometer pro Stunde in einem Tornado gemessen – das ist wirklich viel, damit zählen Tornados zu den heftigsten Winden auf der Erde.

Tornados entstehen im Gegensatz zu Hurrikans über dem Land. Zwei sehr unterschiedliche Luftmassen stoßen aufeinander. Meist kommt kalte Luft aus den Norden und feuchtwarme Luft aus dem Süden. Beim Aufeinanderprallen der unterschiedlich temperierten Luftmassen bilden sich riesige Gewitterwolken, die weit in die Höhe reichen.

Sturmfront
Aus dieser Wolke können sich Gewitter und sogar Tornados bilden
Bildquelle:
DS Design
www.shutterstock.com

Man nennt sie Superzellen, die können bis in 16 Kilometer Höhe wachsen und haben viel Energie in sich. Am Boden befindet sich meist die feuchtwarme Luft, sie will aufsteigen, aber die kalte Luft liegt darüber, deshalb ist das etwas schwierig und klappt nur an einzelnen Stellen. Es bilden sich sogenannte Aufwindschlote, das sind senkrechte Windkanäle. Die Luft unter der Gewitterwolke fängt an sich zu drehen. Es bildet sich am unteren Rand der Superzelle ein Rüssel, in dem sich die Luft ganz schnell im Kreis bewegt. Wenn dieser Rüssel den Erdboden erreicht, ist ein Tornado geboren. Er ist meist

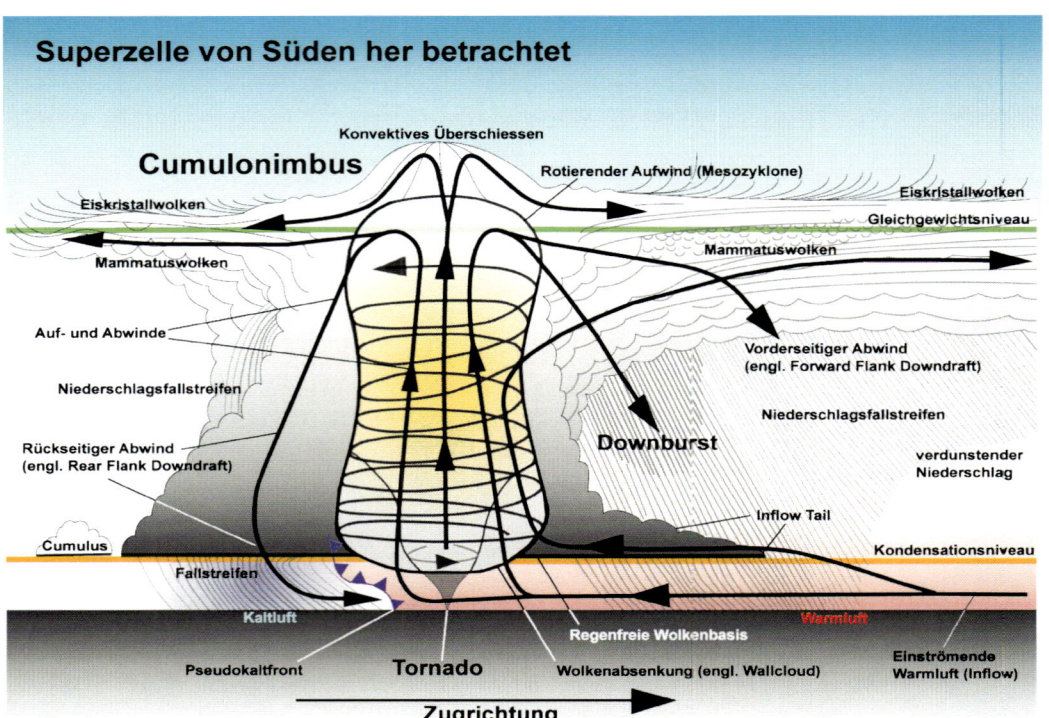

Aufbau einer Superzelle
Bildquelle:
Michael Graf
www.wikipedia.org

nur 50 bis 100 Meter breit, aber kann ganz viel zerstören. So ein Tornado funktioniert nämlich wie ein Riesenstaubsauger. Die Gewitterwolke ist der Staubsauger und der Tornado das Staubsaugerrohr, das alles anzieht, was ihm in den Weg kommt. In diesem Rüssel werden Windgeschwindigkeiten von 200 bis 500 Kilometer pro Stunde erreicht, und es herrscht gleichzeitig ein extremer Unterdruck – diese Kombination macht die Tornados so zerstörerisch. Eine Schneise der Verwüstung entsteht. Häufig treten Tornados in Gruppen auf, wandern mit 50 bis 60 Kilometer pro Stunde durchs Land und machen viel kaputt. Sie sind recht schwer vorherzusagen. Man kann zwar Wetterlagen ausmachen, in denen Tornados verstärkt auftreten, aber wo genau und wo lang sie ziehen, das ist auch für uns Meteorologen sehr schwer zu sehen.

Das ist das heimtückische an ihnen im Gegensatz zu Hurrikans, dass man sie schlecht vorhersehen und die Leute schwer warnen und

in Sicherheit bringen kann. Ein Tornado bildet sich und richtet sein Unheil an, aber nur einen Kilometer weiter passiert gar nichts, hier gibt es kaum Wind und nicht einmal viel Regen. Das ist ja bei Gewittern häufig so, dass es ein Dorf ganz heftig erwischt, und die Leute im Nachbardorf wundern sich, denn bei ihnen gewitterte es gar nicht.

Die meisten Tornados treten in den USA auf. Dort gibt es die sogenannte „Tornado-Alley". Übersetzt heißt das Tornado-Allee, und damit ist die Frage des Kapitels beantwortet. Diese „Tornado-Alley" befindet sich im Süden und Mittleren Westen der USA. Das ist die Region auf der Erde, wo die meisten Tornados pro Jahr auftreten. Meist sind es um die 800 im Jahr. Tornado-Alleys sind so etwas wie Windstraßen auf der Landkarte, die immer wieder von Tornados heimgesucht werden. Häufig treten sie bei Gewitterwetterlagen im Mai und Juni in den Nachmittags- und Abendstunden auf.

Windhose
Bildquelle:
Daniel Loretto
www.shutterstock.com

Nicht nur in den USA, auch bei uns gibt es Tornados. Häufig wird hier in Deutschland von Windhosen gesprochen. Das ist die deutsche Übersetzung für Tornados, hört sich aber nicht so gefährlich an. Das Bild oben zeigt eine solche Windhose. Genauer gesagt, das Wolkengebilde wird erst noch eine werden, denn Windhose oder Tornado nennt sich dieser Wolkenrüssel erst dann, wenn er wirklich den Boden berührt. Solange er hoch oben in der Luft bleibt, wie oben auf dem Bild, ist er ungefährlich.

Auch in Deutschland spricht man eigentlich in der Wettersprache von Tornados. Da wir aber hier nicht so weite Flächen und großen Temperaturunterschiede wie in Amerika haben, sind die Tornados, die in Deutschland entstehen, nicht ganz so heftig. Bei uns werden meist „nur" Windgeschwindigkeiten von 100 bis maximal 300 Kilometer pro Stunde erreicht. Aber auch da kann es schon gefährlich werden: Häuser werden abgedeckt, Bäume fallen und anderer großer Schaden kann entstehen. Die meisten Tornados bilden sich zum Glück über unbewohntem Land, wo nicht soviel passieren kann. Zwar ist es auch nicht gut, wenn zum Beispiel die Ernte auf einem Getreidefeld durch einen Tornado zerstört wird, aber es ist immerhin besser, als wenn ein Wohnort getroffen wird und Menschen in Gefahr geraten. Hier in Europa gibt zwar nur sehr selten Tornados, aber auch hier sind schon Menschen durch sie ums Leben gekommen. Du musst jetzt aber nicht jeden Tag Angst davor haben, denn Tornados treten nur bei Gewitterwetterlagen auf, und dann ist es sowieso am besten, wenn du zu Hause bleibst – also keine bange, es wird dich nicht nächste Woche ein Tornado heimsuchen.

Im Fernsehen und Radio hört man immer wieder, dass es seit einigen Jahren immer mehr Tornados auch bei uns gibt als früher – das ist aber nicht sicher. Durch Handys und Fotoapparate werden heutzutage nur mehr Tornados bewiesen und mit Bildern festgehalten – das gab es vor 50 Jahren einfach nicht. Es ist schwer zu sagen, ob auch wirklich mehr Tornados auftreten. Durch die Klimaerwärmung bekommen wir allgemein etwas mehr extremes Wetter als früher. Natürlich könnten auch mehr Tornados auftreten, aber genau wissen wir es noch nicht.

Tornado am Feldrand
Bildquelle:
www.morguefiles.com

Wer oder was ist 109P/Swift-Tuttle ?

In diesem Kapitel bleiben wir zwar im Sommerhalbjahr, wo Hurrikans und Tornados auftreten können. Genauer gesagt, wir schauen auf den Zeitraum vom 17. Juli bis 24. August. Aber es ist nicht mehr so gefährlich wie in den vorigen Kapiteln. Wir kommen sogar ein wenig vom Wetter ab. Diesmal müssen wir nämlich nachts den Himmel beobachten, wenn es dunkel ist. Dabei gibt es zwar kein wirkliches Wetterphänomen zu sehen, aber auch etwas sehr Spannendes.

In diesem Kapitel geht es um „109P/Swift-Tuttle". Das hört sich sehr merkwürdig an. Du kannst dir sicher nicht wirklich etwas darunter vorstellen, oder? Aber möglicherweise kannst du dir von 109P/Swift-Tuttle etwas wünschen! Es geht nämlich um Sternschnuppen!

Im Sommer, gegen Ende Juli bis Anfang August ist eine Zeit, in der es besonders viele Sternschnuppen gibt, die so genannten Perseiden. Und schuld daran ist 109P/Swift-Tuttle. Er ist der Verursacher des Sternschnuppenregens im Sommer. 109P/Swift-Tuttle ist ein Komet. Kometen kennst du von Kinderbildern zum Weihnachtsfest. Das sind die Sterne mit dem leuchtenden Schweif hinten dran. In Wirklichkeit ist ein Komet kein Stern, sondern ein kleiner Himmelkörper aus Steinen und Eis, der durchs Weltall rauscht und dabei einen Schweif hinter sich herzieht, den man mit Hilfe eines Teleskops sieht. Bei ganz

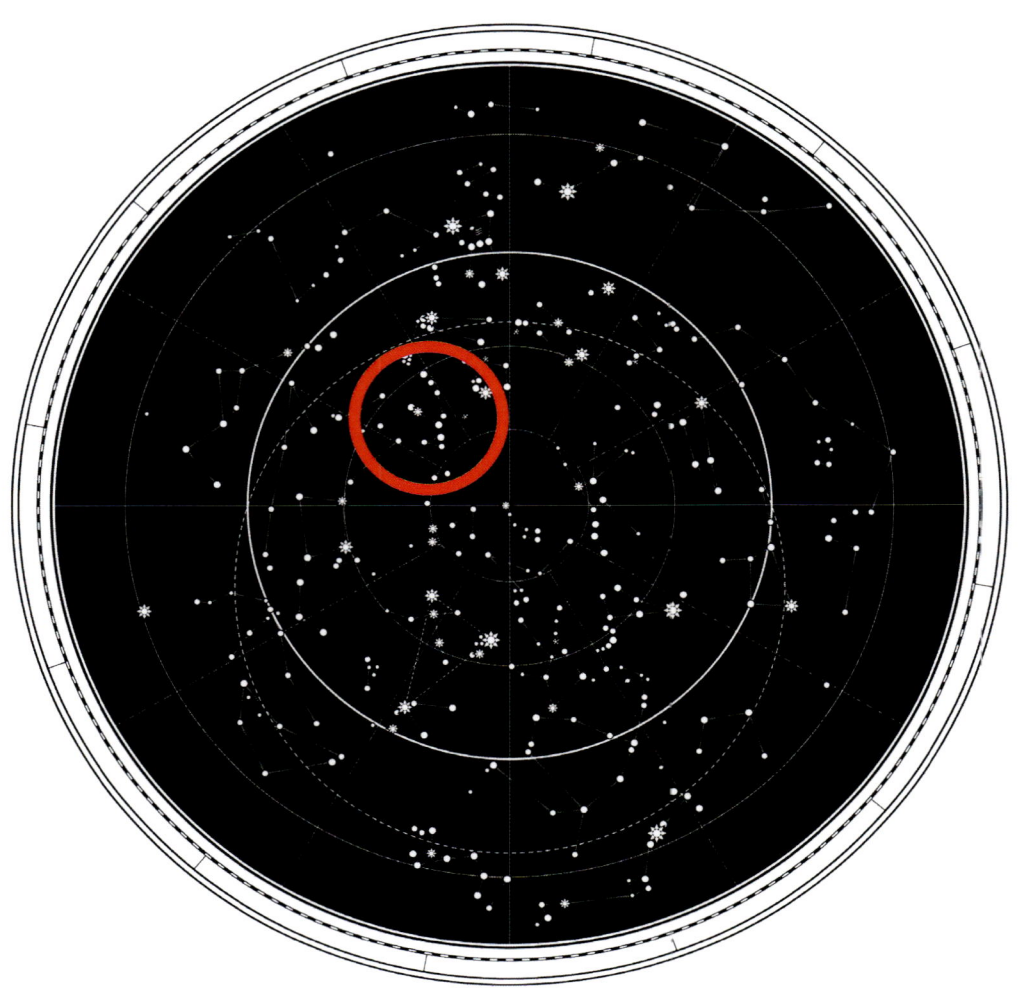

großen Kometen, die nahe an der Sonne vorbeifliegen und von ihr angeleuchtet werden, sieht man diesen Schweif auch mit bloßem Auge. Aber diese großen Kometen sind sehr selten.

Jedes Jahr Ende Juli/Anfang August kreuzt die Erde bei ihrer Bewegung um die Sonne die Bahn des Kometen 109P/Swift-Tuttle.

Unsere Erde bewegt sich ja einmal im Jahr um die Sonne. Sie benötigt dazu 365 Tage. Jedes Jahr im Sommer befinden wir uns an einer bestimmten Stelle auf dieser Umlaufbahn. Und dort treffen wir den Kometen 109P/Swift-Tuttle. Wir fliegen mit unserer Erde sozusagen durch den Schweif des Kometen 109P/Swift-Tuttle. Dieser

Schweif besteht aus ganz vielen, winzig kleinen Steinchen, die wir auch Meteoriten nennen. Die Steinchen werden von der Erde angezogen, da unser Planet Erde die so genannte Erdanziehungskraft hat.

Wenn du zum Beispiel einen Ball in die Höhe wirfst, kannst du zwar all deine Kraft zusammennehmen und ihn ganz hoch werfen, aber irgendwann wird er wieder auf die Erde fallen. Dafür sorgt die Erdanziehungskraft. Stell dir das so vor: Im Inneren der Erde sitzt eine Art Magnet, der alles anzieht, was sich in der Nähe der Erde befindet. Egal ob es ein Ball ist, den du zwei Meter in die Höhe wirfst, oder ob es ein Steinchen des Kometen 109P/Swift-Tuttle ist, der sich noch mehrere Hundert Kilometer von der Erdoberfläche entfernt durchs Weltall bewegt. Sobald diese Steinchen nah genug an der Erde vorbeifliegen, werden sie von der Erde angezogen. Allerdings rasen sie zuvor sehr sehr schnell durch den Weltraum. Sie fliegen mit 60 Kilometern pro Sekunde. Das ist eine Geschwindigkeit, die man sich nicht richtig vorstellen kann. Flugzeuge sind ja schon enorm schnell – sie bringen uns beispielsweise in nur einer Stunde von Berlin nach Köln. Sie fliegen mit etwa 600 km/h, d.h. in einer Stunde legen sie etwa 600 Kilometer zurück. Jetzt mal zum Vergleich eine Sternschnuppe: Sie schafft in einer Sekunde 60 Kilometer oder 200 000 Kilometer in der Stunde, also das ist wirklich extrem schnell.

Beim Eintauchen in unsere Erdatmosphäre werden die Sternschnuppen dann allerdings ordentlich abgebremst. Sie reiben sich dabei kräftig an den Luftteilchen, werden heiß und verdampfen, also verglühen beim Eintreffen in unserer Atmosphäre. Und dieses Verglühen der kleinen Weltallsteinchen sehen wir am Himmel als Sternschnuppen.

Komet
Bildquelle:
cessna152
www.shutterstock.com

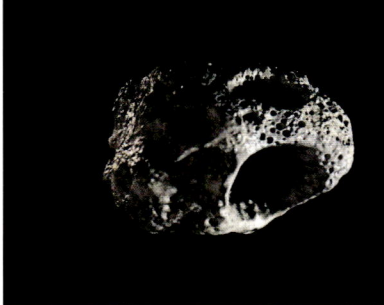

Meteorit, vom Kometen abgesprengt
Bildquelle: eranicle
www.shutterstock.com

Meteorit fliegt in die Erdatmosphäre
Bildquelle: Digital Storm
www.shutterstock.com

Meteeorit verglüht als Sternschnuppe
Bildquelle:
Rashevskyi Viacheslav
www.shutterstock.com

Bruno erklärt: Was sind die Leoniden?

Im November heißt der Sternschnuppenschwarm Leoniden und nicht Perseiden. Dann liegt der Ursprung der Sternschnuppen im Sternbild des „Großen Löwen".

Ansonsten ist das Prinzip das gleiche wie bei den Perseiden. Der kleine Nachteil der Leoniden ist allerdings, dass es nachts schon empfindlich kalt wird und man es nicht allzu lang draußen aushält, meist nur mit Daunenjacke, Mütze, Schal und Handschuhen. Einen kleinen Vorteil gibt es aber auch, denn im November wird es schon früh dunkel und erst spät hell - so hat man länger Zeit zum Sternschnuppenschauen.

Wenn du selber im Sommer Sternschnuppen beobachten möchtest, gehst du am besten an einen sehr dunklen Ort. Also irgendwo auf dem Land oder im Garten, wo keine Laterne in der Nähe steht, die Licht abstrahlt. Nimm aber zur Sicherheit einen Erwachsenen mit! Zudem solltest du dir etwas Zeit nehmen, denn die Sternschnuppen fallen nicht im regelmäßigen Abstand vom Himmel, sondern ganz zufällig. In der sternschnuppenreichen Zeit der Perseiden gibt es in der Nacht vom 12. auf den 13. August meist den Sternschnuppenhöhepunkt. Das heißt, dann kannst du am meisten Sternschnuppen sehen. In guten Jahren sind dann 100 bis 200 Sternschnuppen pro Stunde zu sehen. Da kannst du dir eine ganze Menge Wünsche überlegen. Du weißt ja... wer eine Sternschnuppe sieht, darf sich etwas wünschen. Aber du darfst deinen Wunsch nicht verraten, wenn er sich erfüllen soll.

Woher kommt eigentlich der Name Perseiden? Der klingt ja schon merkwürdig. Ein bisschen wie ein Waschmittel. Die Erklärung findest du wieder am Himmel. Es gibt verschiedene Sternbilder des Nachts am Himmel zu sehen. Vielleicht kennst du den „Großen Wagen" oder das „Siebengestirn" – sonst frage mal deine Eltern danach. Zudem gibt es das Sternbild namens „Perseus". Dieses Sternbild ist auf der Himmelkarte Seite 98 von einem roten Kreis umgeben. Wenn du nun in Richtung des Sternbilds „Perseus" schaust, wirst du viele Sternschnuppen sehen können. Man hat beinahe das Gefühl, dass alle Sternschnuppen ihren Ursprung in diesem Sternbild haben. Und genau daher kommt auch der Name Perseiden.

Vor allem von älteren Menschen werden die Perseiden auch als „Tränen von Laurentius" bezeichnet. Das liegt daran, dass die Sternschnuppen der Perseiden am Namenstag des Heiligen Laurentius auftreten. Du siehst also, man kann eine ganze Menge über Sternschnuppen lernen, obwohl die kleinen Schnuppen nur ganz kurz am Himmel zu sehen sind.

Übrigens gibt es nicht nur Ende Juli/Anfang August Sternschnuppen zu sehen, sondern eigentlich das ganze Jahr über. Durch den Weltraum fliegen tagtäglich viele kleine Staubteilchen, die von der Erde angezogen werden und als Schnuppen am Himmel verglühen, aber die Erde ist riesig, und diese Teilchen fallen in großen Abständen. Deshalb ist es meist ziemlich Glückssache, eine Sternschnuppe zu sehen.

Wenn dagegen die Erde im Juli-August die Bahn des Kometen „109P/Swift-Tuttle" oder im November die Bahn des Kometen „Tempel-Tuttle" kreuzt, dann gibt es gehäuft Sternschnuppen. Dann haben deine Sternschnuppen-Wünsche eine viel größere Chance, in Erfüllung zu gehen.

Das Maximum der Leoniden liegt in der Nacht vom 17. auf den 18. November. Alle 33 Jahre gibt es dabei ein ganz besonders Sternschnuppenspektakel zu sehen. Dann bekommt die Erde ganz viele Teilchen aus dem Schweif des Kometen zu packen.

Das Sternbild des Löwen findest du auf der Himmelskarte in dem roten Kreis.

Richtig, da steht nur Leo. Aber das bedeutet auf Deutsch "Löwe".

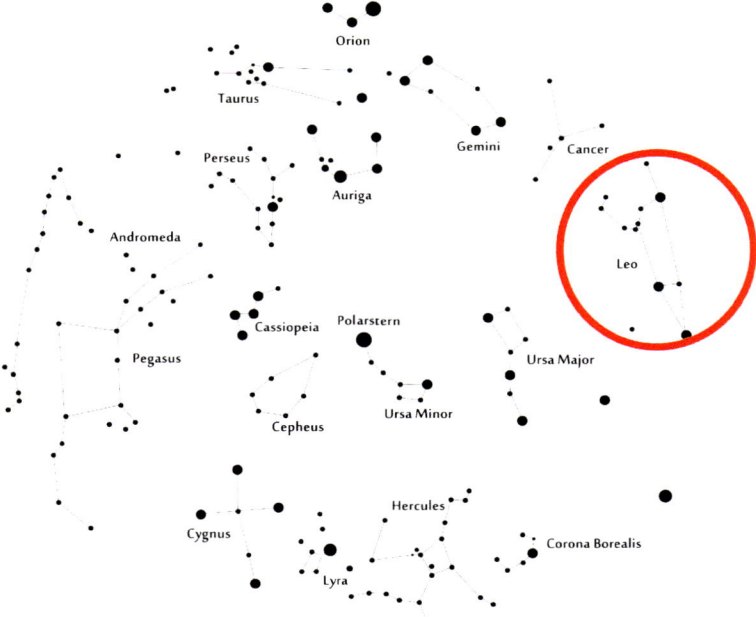

Nördlicher Sternenhimmel mit eingezeichneten Sternbildern. Der rote Kreis kennzeichnet das Sternbild Leo (Löwe).

Wie schwer ist Schnee, und warum ist Schnee weiß?

Kleines Experiment: Wie kann man eigentlich messen, wieviel Schnee gefallen ist?

Nun kommen wir von Himmelserscheinungen im November zu winterlichen Wettererscheinungen. Auch da passieren viele spannende Dinge. Bei Winter denkt natürlich jeder sofort an Schnee. Bei uns gibt es den ja nur im Winter.

Zuerst fallen dir sicher große Flocken ein, die im Winter, wenn es frostig kalt ist, vom Himmel fallen. Hast du schon einmal draussen gestanden, die Zunge herausgestreckt und darauf gewartet, dass eine Schneeflocke darauf fällt? Das kribbelt und tut überhaupt nicht weh. Ganz weich und leicht fühlt sich so eine Schneeflocke an.

Dass Schneeflocken tatsächlich auch ziemlich schwer sein können, würde dir sicher im Traum nicht einfallen. Wenn sie auf deine Hand herabschweben und kurz danach schmelzen, fühlt es sich an, als ob sie beinahe gar nichts wiegen. Damit liegst du bei einer einzelnen Flocke auch ganz richtig. Aber viele Schneeflocken auf einem Haufen, die können ganz schön schwer sein. Denk mal an einen Schneeball. Oder wie mühsam es ist, wenn es stundenlang geschneit hat und ihr riesige Schneeberge vor eurer Haustür zusammenschieben musstet. Darüber möchte ich dir in diesem Kapitel ein bisschen mehr erzählen.

Was ist eigentlich Schnee? Schnee ist nichts anderes als Wasser im festen Zustand. Wasser geht vom flüssigen in den festen Zustand über,

Dazu brauchst du einen verschneiten Tag, ein Lineal und einen großen Messbecher. Suche dir im Garten eine Stelle, wo der Wind den Schnee nicht verweht hat. Stecke das Lineal in den Schnee. Nun weißt du schon mal die aktuelle Schneehöhe. Nun stecke ein Viereck ab, was 1x1 Meter groß ist. Sammle den Schnee aus diesem Viereck ein und packe ihn in den Messbecher. Wenn ein Messbecher nicht reicht, hole dir einen Zweiten. Nun nimm die Messbecher samt Schnee mit ins Haus. Dort schmilzt der Schnee und bald wird Wasser im Messbecher sein. An der Skala kannst du ablesen, wie viel Niederschlag, also Schnee gefallen ist. Auch das gibt man in Millimeter oder Liter pro Quadratmeter an.

wenn es auf Temperaturen unter null Grad Celsius abgekühlt wird. Den Vorgang nennt man Gefrieren.

Was passiert bei Gefrieren mit dem Wasser? Wasser besteht wie alle Körper auf der Welt aus ganz vielen kleinen Teilchen, sogenannten Molekülen. Die bewegen sich in der Flüssigkeit Wasser frei durcheinander. Wenn du einen Eimer Wasser auskippst, dann kannst du das sehen, denn das Wasser fließt einfach aus dem Eimer heraus. Wenn nun Wasser zu Eis wird, dann erstarrt das Wasser. Die Teilchen werden immer langsamer, je kälter das Wasser wird, und irgendwann bewegen sie sich gar nicht mehr. Wenn du dann einen Eimer Eis auskippen willst, dann rutscht dir ein fester Eisklotz entgegen.

Schneeflocken bestehen auch aus gefrorenem Wasser. Sie fallen aber zum Glück nicht wie große gefrorene Eisklötze vom Himmel. Das wäre auch ziemlich gefährlich! Nein, Schneeflocken bestehen aus ganz kleinen Eiskristallen. Diese Eiskristalle sind wirklich winzig. Mit dem Auge kann man sie kaum erkennen, nur mit einer Lupe. Komplette Schneeflocken dagegen sind größer. Die können wir ohne Lupe sehen. Eine Schneeflocke besteht nämlich nicht nur aus einem Eiskristall, sondern aus ganz vielen. Sie lagern sich aneinander, und so wächst eine Schneeflocke und wird immer größer. Dabei sieht jede Schneeflocke anders aus, da sich die Eiskristalle immer anders aneinanderschmiegen und zum Teil ganz merkwürdige, aber wunderschöne Formen bilden.

Stelle dich mal in den Garten, wenn es schneit, und lasse Schneeflocken auf deine offene Handfläche rieseln. Kurz bevor sie schmelzen kannst du diese vielen verschiedenen Formen am besten sehen. Dabei wirst du auch bemerken, dass die Schneeflocken unterschiedlich groß sind. Ihre Größe hängt von der Umgebungstemperatur ab. Wenn die Temperaturen um den Gefrierpunkt, also um null Grad Celsius oder leicht darüber liegen, dann gibt es die größten Schneeflocken. Diese Flocken können aus bis zu 50 Eiskristallen bestehen. Dann ist der Schnee sehr pappig, und man kann gut einen Schneemann bauen oder eine Schneeballschlacht machen. Allerdings ist es dann auch kurz davor, dass der Schnee in Regen übergeht. Ab plus zwei bis plus drei Grad wird Schneeregen daraus.

Bildquelle:
www.morguefiles.com

Je kälter es wird, desto kleiner und trockener werden die Schneeflocken. Man nennt das Pulverschnee. Er ist perfekt zum Rodeln und Skifahren. Nur einen Schneemann kann man daraus nicht bauen, denn diese trockenen Miniflocken kleben nicht mehr aneinander.

Schnee ist besonders in Bezug auf sein Gewicht nicht gleich Schnee. Da gibt es große Unterschiede, und manchmal kann er auch gefährlich schwer werden. Das Alter und die Beschaffenheit sind dabei wichtig. Trockener Pulverschnee zum Beispiel, der frisch gefallen ist, wiegt nur etwa 30 bis 50 Kilogramm pro Kubikmeter. Ein Kubikmeter ist ein Würfel, der 1x1x1m groß ist. Ein Kubikmeter Schnee, das wären hundert Wassereimer voll Schnee. Wenn sich dagegen in den hundert Wassereimern kein Pulverschnee, sondern feuchter, nasser Pappschnee befindet, dann ist er viel schwerer, nämlich etwa 200 Kilogramm. Es gibt also ganz leichten und ganz schweren Schnee.

Wenn es einige Tage frostig kalt ist, bleibt uns auch der Schnee erhalten und schmilzt nicht weg. Dabei ist dir sicher schon mal aufgefallen, dass dann der Schnee ineinander sackt. Das ist ganz normal,

Bildquelle:
www.morguefiles.com

denn er presst durch sein eigenes Gewicht langsam etwas Luft raus. Allerdings wird er dann auch schwerer. Solch feuchter Altschnee, der schon ein paar Tage alt ist, kann bis zu 500 Kilo schwer werden. 500 Kilo Schnee, das entspricht ungefähr zwölf Schubkarren voll Bausand. Das kann schon gefährlich schwer werden.

Nun stell Dir vor, auf einem Dach liegt ein Meter hoch der Schnee. Wenn das Dach nur zehn Quadratmeter groß ist, liegen da fünftausend Kilo feuchter Altschnee drauf. Das ist ungefähr so viel wie zwei große Geländewagen! Da kann so ein Dach leicht einstürzen. Deshalb messen Experten im Winter regelmäßig die Höhe und Dichte des Schnees auf Dächern, und wenn dort zu viel schwerer Schnee liegt, wird er entweder vom Dach geschaufelt, oder das Haus wird gesperrt. Auch auf Hochspannungsmasten, die uns mit ihren Leitungen den Strom nach Hause bringen, liegt manchmal so viel Schnee, dass diese Masten umknicken. Das passiert Gott sei Dank selten, kam aber zum um Beispiel im November 2005 im Münsterland vor.

Also: Schnee ist eine schöne Sache zum Rodeln und Schneemannbauen. Aber er kann auch gefährlich werden. Du musst vor Schnee keine Angst haben, aber ein bisschen Respekt ist angebracht.

Jetzt wissen wir also, dass Schnee sehr schwer werden kann. Aber warum ist Schnee weiß?

Was ist das denn für eine Frage: Na klar ist Schnee weiß – wie sollte er denn sonst aussehen!

Moment mal! Schnee besteht eigentlich aus Eis. Und Eis ist durchsichtig. Müsste Schnee dann nicht auch durchsichtig sein?

Bildquelle:
Kotenko Olegsandr
www.shutterstock.com

Bildquelle:
Steve Collender
www.shutterstock.com

Wie Regen oder Hagel, ist auch Schnee eine Form von Niederschlag. Dabei ist Schnee, wie wir ja gelernt haben, nichts anderes als Wasser im festen Zustand. Schnee besteht aus minikleinen Eiskristallen, die so klein sind, dass man sie kaum sehen kann. Jede einzelne sichtbare Schneeflocke kann aus bis zu 50 verschiedenen winzigkleinen Eiskristallen bestehen. Dabei sieht eine Schneeflocke keineswegs wie eine Kugel aus. Sie ist ein wunderschönes Gebilde aus Spitzen, und jede Schneeflocke ist anders.

Bildquelle:
www.morguefiles.com

Schneeflocken entstehen wie Regentropfen in den Wolken. Wenn sie dort zu schwer werden, fallen sie heraus und schweben zum Erdboden. Dabei ist natürlich die Hauptbedingung, dass es winterlich kalt ist. Die Lufttemperatur muss unter null Grad liegen, sonst schmelzen die Schneeflocken und werden zu Regen. Ist nun auch der Erdboden eisig kalt, dann bleibt der Schnee liegen, und es bildet sich bei starkem Schneefall eine dicke geschlossene Schneedecke.

Wie bei den Regentropfen gibt es auch bei Schneeflocken große Unterschiede. Das hast du ja schon vorher in diesem Kapitel erfahren. Beim Feuchtigkeitsgehalt unterscheiden wir Pappschnee und Pulverschnee. Das kennst du ja schon. Aber wir unterscheiden den Schnee auch noch nach Alter.

Bildquelle:
www.morguefiles.com

Als erstes haben wir Neuschnee, der frisch gefallen ist. Er enthält relativ viel Luft und ist schön weich.

Dann gibt es den Altschnee, der schon eine Weile liegt. Auf unseren Straßen bezeichnet man damit Schnee, der zu schmutziger Matsche zerfahren ist. Draußen in der freien Natur bleibt der Schnee aber schön weiß. Besonders im Hochgebirge, wo es manchmal fast

**Bruno fragt:
Wie und wo
entstehen Gletscher?**

Wenn ein Tiefdruckgebiet in die höchsten Berggipfel zieht, bringt es immer Schnee und nie Regen, weil es hier oben einfach zu kalt für Regen ist.

Das bedeutet, dass das ganze Jahr über immer wieder neuer Schnee fällt. Die Schneedecke schmilzt nie ganz weg. Und so wird sie ständig dicker. Bei sonnigem Wetter kann es mal sein, dass die oberste Schneeschicht etwas antaut, wenn es aber erneut frostig wird, friert sie sofort wieder an. Diese Schneedecke verdichtet sich mehr und mehr und drückt dabei die Luft aus dem Schnee heraus.

Nach einem Jahr bezeichnet man das Ganze als Firnschnee. Nach

das ganze Jahr über frostig kalt ist, liegt viel Schnee über Wochen und Monate herum. Das ist dann richtiger Altschnee. Solcher Altschnee ist übrigens auch die Grundlage für die Entstehung von Gletschern. Wenn dieser Schnee sich nämlich nicht nur über Wochen und Monate, sondern über Jahre verdichtet, wird er irgendwann zu Eis.

Bleibt noch immer unsere Ausgangsfrage: Warum ist der Schnee weiß?

Das liegt am Sonnenlicht. Es besteht ja aus den Regenbogenfarben (Rot, Orange, Gelb, Grün, Blau und Violett), wie du aus dem Regenbogen-Kapitel schon weißt. Wenn die Sonne nun zum Beispiel auf eine Wiese oder auf ein Blatt scheint, werden alle Farben von der Wiese oder dem Blatt verschluckt, nur die grüne Farbe nicht, sie wird reflektiert. Deshalb sehen wir die Wiese oder das Blatt grün. Bei einer roten Rose werden alle Regenbogenfarben außer Rot verschluckt, nur das Rot wird zurückgeworfen, deshalb sehen wir die Rose rot. Werden alle Farben des Sonnenlichts von einem Gegenstand verschluckt, dann ist der Gegenstand schwarz. Wenn dagegen alle Farben des Sonnenlichts, also Rot, Orange, Gelb, Grün, Blau und Violett, von einem Gegenstand reflektiert und nicht verschluckt werden, dann erscheint dieser Gegenstand weiß. Und genau das macht der Schnee.

Wenn die Sonne auf frisch gefallenen Schnee scheint, glitzert dieser Schnee richtig, als ob er aus tausenden kleinen Spiegeln besteht, die das Sonnenlicht reflektieren. So neuer Schnee kann ganz schön blenden. Das hast du vielleicht beim Skilaufen schon mal bemerkt. Da ist man ohne Sonnenbrille ganz schön aufgeschmissen und muss mit den Augen blinzeln. Wenn man zu lange ohne Augenschutz durch

Skiläufer im Hochgebirge
Bildquelle:
www.morguefiles.com

eine sonnige Schneelandschaft läuft, kann das die Augen so anstrengen, dass sie vorübergehend schneeblind werden. Dann siehst du gar nichts mehr. Deshalb tragen die Skifahrer beim Wintersport, wenn die Sonne scheint, immer Sonnenbrillen oder spezielle Schneebrillen.

Aber warum ist denn nun der Schnee weiß und nicht durchsichtig wie ein Eiszapfen, obwohl beides aus gefrorenem Wasser besteht? Das liegt daran, dass Schnee ja eine Ansammlung vieler kleiner Eiskristalle ist, an denen sich andere Eisteilchen anlagern. Da die aber unterschiedlichste Formen haben, entstehen Hohlräume oder Luftbläschen in einer Schneeflocke. Und genau an der Grenzfläche zwischen dem Eis und den Luftbläschen wird das einfallende Sonnenlicht reflektiert, sodass der Schnee weiß erscheint.

Eiszapfen dagegen entstehen und wachsen, indem Wassertropfen am Eiszapfen herunter laufen und unten festfrieren. Da gibt es keine kleinen Hohlräume oder Luftbläschen, die sich bilden. Deshalb sind Eiszapfen durchsichtig, manchmal sogar glasklar.

Nun weißt du also eine ganze Menge über den Schnee, und auch, warum er natürlich weiß ist.

Jahren kann sich der Schnee soweit zusammengepresst haben, dass fast gar keine Luft mehr darin ist. Dann hat sich aus solchem Firnschnee ein Gletscher gebildet.

Dieses Gletschereis ist weiß oder hellgrau, wenn es noch winzige Luftbläschen enthält, schmutzig-dunkelgrau, wenn Luftbläschen und Erde darin verteilt sind, und bläulich-durchsichtig, wenn es ganz sauber und fast frei von Luft ist.

Gletscher
Bildquelle:
www.colorstockphoto.com

Warum ist Eis glatt?

Nach dem Schnee kommen wir nun zum Eis. Eines der häufigsten Wetter- Erlebnisse im Winter ist, dass wir ins Rutschen kommen. Eis hat sich gebildet, und das ist spiegelglatt. Eis ist gefrorenes Wasser. Wenn die Temperatur unter null Grad Celsius sinkt, dann friert Wasser, wie du ja weißt, zu Eis.

Eis war schon immer glatt und wird es auch immer bleiben, wenn es nicht gerade Vanilleeis ist. Aber warum ist das so? Warum rutscht man auf vereisten Regenpfützen oder auf einem zugefrorenen See manchmal aus und landet auf dem Hosenboden?

Nicht jedes Eis ist glatt. Wenn du ganz kaltes Eis anpackst, zum Beispiel in der Kühltruhe, dann ist es nicht glatt, sondern klebt an deiner Hand. Genauer gesagt, deine Hand friert ein bisschen an dem Eis fest. Wenn du aber einen Eiswürfel in der warmen Küche in der Hand hältst, dann merkst du, dass seine Oberfläche rutschig wird, und deine Hand wird nass. Es ist offenbar eine dünne Schicht Wasser, die das Eis so glatt macht.

Wenn du draußen Schlittschuh laufen willst, wärmst du allerdings nicht erst einmal das Eis mit deinen Händen an, damit sich Wasser darauf bildet. Es muss eine andere Ursache eben, damit das passiert.

Aus der Physik wissen wir, dass hoher Druck Eis zum Schmelzen bringen kann.

Man könnte also erst mal vermuten, dass Eis glatt ist, weil wir durch unser Körpergewicht das Eis unter unseren Füssen zum Schmelzen bringen. Durch den Druck bildet sich unter unseren Schuhen oder den Schlittschuhen eine dünne Wasserschicht, und auf der rutschen wir aus.

Diese Erklärung klingt einleuchtend. Aber das alleine kann es auch nicht sein. Dann müssten wir ja, wenn wir eine Stunde nur auf unseren Schlittschuhen rumstehen und uns nicht bewegen, durch den Druck irgendwann tief im Eis einsinken. Das passiert aber zum Glück nicht!

Bild like Seite: Bildquelle: www.morguefiles.com

Wir brauchen eine andere physikalische Aktion als den Druck, um das Ganze zu erklären. Und zwar die Reibung. Wenn du zum Beispiel deine Hände ganz schnell aneinander reibst, dann wirst du merken, dass sie warm werden. Das macht man im Winter manchmal automatisch, um nicht so sehr zu frieren. Das ist der einfache Beweis: Reibung produziert Wärme.

Und genau diese Reibung brauchen wir, um zu verstehen, warum Eis glatt ist. Wenn man nun mit Schlittschuhen über das Eis fährt oder gleitet, dann reiben sich Schlittschuhe und Eis aneinander, so wie du die Hände aneinander reibst. Wärme entsteht, und das Eis schmilzt genau unter den Kufen oder den Schuhen. Es bildet sich eine ganz dünne Wasserschicht. Auf der rutscht oder gleitet man mit den Schlittschuhen. Hinter deinem Schlittschuh friert diese dünne Wasserschicht dann direkt wieder zu Eis.

Anders sieht das aus, wenn schon leichte Plusgrade herrschen oder die Temperaturen um null Grad liegen. Dann bleibt eine Wasserschicht auf dem See hinter dem Schlittschuh auf dem Eis. Das ist dann auch ein sicheres Zeichen, dass es zu warm ist zum Schlittschuh laufen. Denn dann wird das Eis spröde und brüchig und kann dein Gewicht nicht mehr tragen. Dann kannst du im Eis einbrechen und ertrinken.

Bildquelle: Mmaxer www.shutterstock.com

Beim Rodeln oder Skifahren gilt übrigens das gleiche Prinzip. Schnee besteht ja auch aus ganz vielen kleinen Eiskristallen, ist also eigentlich auch nicht viel anderes als Eis – nur nicht ganz so hart. Auch Rodeln und Skifahren funktionieren mit Hilfe von Reibung. Die Kufen des Schlittens und die Skiunterseite verursachen Reibung, wenn sie über den Schnee gleiten. Dadurch wird Wärme produziert und es bildet sich eine minikleine Wasserschicht zwischen Schnee und Skiunterseite oder Rodelkufe. Und darauf fährt der Schlitten, darauf gleiten die Ski oder das Snowboard über den Schnee.

Warum Eis und Schnee glatt sind, ist also gar nicht so schwer zu verstehen.

Bruno warnt: Brüchiges Eis ist lebensgefährlich!

Allgemein solltest du wirklich nur Eisflächen betreten, wenn es viele Tage hintereinander frostig kalt war und die Feuerwehr einen See frei gibt zum Betreten. Auf eigene Faust solltest du das nie tun. Man kann nicht durch bloßes Ansehen einschätzen, ob die Eisdecke schon dick genug ist, das können nur Experten wie die Feuerwehrleute, die das Eis anbohren und ausmessen. Auch wenn Andere das Eis schon betreten, heißt das noch lang nicht, dass die Eisfläche sicher ist.

Wenn du auf Nummer Sicher gehen willst, geh in eine Eishalle oder auf eine künstlich angelegte Eisfläche. Da ist das Eis extra für solchen Spaß wie das Schlittschuhlaufen geschaffen worden.

Kann ein Wetterfrosch wirklich Wetter vorhersagen?

Zur Abwechslung meine ich jetzt nicht die menschlichen Wetterfrösche, sondern Tiere. Richtige Frösche.

Tatsächlich können Tiere uns manchmal Hinweise auf das Wetter geben. Tiere haben eine feinere Wetter-Antenne als wir, sie riechen oder fühlen ein nahes Gewitter oder einen aufkommenden Sturm deutlich früher. Sie sind ja auch dem Wetter mehr ausgesetzt. Zum einen haben sie kein warmes, kuschliges Zuhause, wo sie es sich bei schlechtem Wetter gemütlich machen können. Zum anderen können sie sich nicht einfach wärmer anziehen, wenn sie frieren. Außerdem haben die meisten Tiere bei Schnee und Eis Schwierigkeiten, Futter zu finden. Deshalb ist es für sie lebenswichtig, Wetterumschwünge möglichst früh zu bemerken. Deshalb gibt ihr Verhalten dir Hinweise auf das Wetter,

Fangen wir mit den sehr groben Hinweisen an.

Wenn du es nicht schon an den Temperaturen merken würdest, dann könnten dir einige Tiere zeigen, dass der Winter bevorsteht. Die Eichhörnchen bekommen einen dichten Winterpelz mit den lustigen Haarbüscheln über den Ohren. Außerdem legen sie sich jetzt in fieberhafter Arbeit einen Nahrungsvorrat an. Die Hirsche röhren lautstark in den Wäldern, weil für sie jetzt Paarungszeit ist. Die Igel fressen sich noch schnell etwas mehr Fett an und suchen sich ein warmes

Eichhörnchen
Bildquelle: Dellex
www.wikipedia.org, gemeinfrei

Rothirsch
Bildquelle: David W. Hughes
www.shutterstock.com

Igel
Bildquelle: www.colorstockphoto.com

Koi-Karpfen
Bildquelle:
www.colorstockphoto.com

Zugvogel-Schwarm
Bildquelle:
www.morguefiles.com

Schwalbe
Bildquelle:
www.colorstockphoto.com

Plätzchen für ihren Winterschlaf. Die Fische tauchen tief in die Seen, dorthin, wo das Wasser niemals gefriert. Zugvögel wie Störche, Nachtigallen und viele andere Vogelarten machen sich auf einen tausende Kilometer langen Weg in den Süden ans Mittelmeer und nach Afrika, wo sie bis April oder Mai überwintern.

Natürlich gibt es auch Tiere, die uns kurzfristige Wetterhinweise geben.

Die Schwalben beispielsweise fliegen bei schönem Wetter sehr hoch. Zieht nun ein Tiefdruckgebiet heran, dann siehst du sie deutlich näher am Boden. Der Grund liegt in ihrem Fressverhalten. Sie ernähren sich von Insekten wie Mücken, und die fliegen bei schönem Wetter ziemlich hoch. Fällt dagegen der Luftdruck, fliegen die Mücken weiter unten, und die Schwalben folgen ihnen. Es gibt sogar eine Bauernregel dazu: „Wenn Schwalben niedrig fliegen, werden wir bald Regen kriegen." Häufig stimmt diese Regel.

Spinnen bauen bei schönem Wetter größere Netze. Wenn es dagegen richtig stürmt und regnet, sparen sie sich die Mühe und bauen überhaupt keine Netze. Dann fliegen ja auch die Insekten nicht, die sie fangen wollen.

Manchmal sind die Hinweise der Tiere sogar sehr genau.

Durch das Zirpen von Grillen kann man zum Beispiel feststellen, wie warm es ist. Grillen erzeugen durch Reiben ihrer riesig langen Hinterbeine ein schnarrendes Geräusch, das wir Zirpen nennen. Je wärmer es ist, desto schneller zirpen sie. Eine Regel besagt: Zähle die Zirptöne einer Grille eine Minute lang, addiere fünfzig dazu und teile das ganze durch neun – dann hast du die Temperatur, die die Luft gerade hat.

Ehrlich gesagt habe ich es noch nicht ausprobiert. Aber das ganz schnelle Zirpen von Grillen bei richtiger Sommerhitze habe ich schon gehört.

Aber was ist mit einer richtigen Wettervorhersage? Gibt es nicht wenigstens ein Tier, das richtig das Wetter vorhersagen kann?

Damit kommen wir zu unserem Star, dem Wetterfrosch: Einer Legende nach sollen die Laubfrösche vor allem in Europa das Wetter vorhersagen können. Deshalb bezeichnet man sie auch als Wetterfrösche. Diese kleinen grünen Tierchen ernähren sich nämlich wie viele andere Tiere von Insekten, die bei schönem Wetter weiter oben fliegen als bei schlechtem Wetter. Dann klettern die Laubfrösche mit ihren Haftzehen an Pflanzen hoch, um etwas zu Essen zu finden. Die Menschen beobachteten also: Wenn die Sonne herauskommt, klettern kleine, grüne Laubfrösche an Pflanzen hoch. Aus diesem Verhalten entstand die irrige Vorstellung, dass diese Frösche das Wetter sogar vorhersehen können. Manchmal wurden sogar Frösche in Gläser gesteckt, in denen sich eine Leiter befand. Wenn dann der Frosch die Leiter hochkletterte, weil er Hunger hatte, schloss man daraus, dass das Wetter schöner wurde. Wenn der Frosch dagegen unten im Glas sitzen blieb, sollte das Wetter schlecht werden. Bis heute hat sich dieses Bild gehalten, aber zum Glück nur noch als Scherz mit Plastikfröschen in einem Glas. Sonst wäre es auch Tierquälerei. Denn wirklich Ernst nehmen kann man diese „Frosch-Wetterstation" nicht.

Aus dieser Legende entstand dann auch die Bezeichnung Wetterfrosch als Spitzname für uns Meteorologen. Und im Gegensatz zum tierischen Wetterfrosch können wir wirklich das Wetter vorhersagen.

Kreuzspinne
Bildquelle:
www.colorstockphoto.com

Grille
Bildquelle:
www.morguefiles.com

Bildquelle:
artpoint
www.shutterstock.com

Was hat es mit dem Siebenschläfer auf sich?

Nun habe ich eine Bauernregel für dich. Menschen haben schon vor Jahrhunderten das Wetter beobachtet und immer wiederkehrende Erscheinungen bemerkt. Besonders die Bauern waren und sind auf das Wetter angewiesen, um zum Beispiel den richtigen Zeitpunkt für Aussaat und Ernte zu wählen. Sie beobachten das Wetter genau und haben sich als Gedächtnisstütze Wetter- oder Bauernregeln ausgedacht. Nicht alle davon sind tauglich, aber einige können tatsächlich langfristig etwas über das Wetter aussagen. Eine davon ist der Siebenschläfertag.

Der Siebenschläfer ist ein mäuseähnliches, nachtaktives, kleines Tierchen. Es sieht ziemlich süß aus, ähnlich einem Eichhörnchen und es verschläft sieben Monate des Jahres. Deshalb heißt es auch Siebenschläfer. Dieses Siebenschläfertierchen findet man im Wald oder Zoo. Mit dem Wetter hat es eigentlich nichts zu tun.

Aber es gibt außerdem eine alte Bauernregel, die man als Siebenschläferregel bezeichnet. Sie besagt: „Wie das Wetter am Siebenschläfertag, so es die nächsten sieben Wochen sein mag."

Wenn das so stimmen würde, könnte man eine ziemlich geniale Wetterprognose machen. Das bekommt aber nicht einmal ein Riesen-Monster-Wettercomputer hin, das Wetter für sieben Wochen vorherzusagen. Und das auch noch im Sommer, wo es vielen Menschen –

sicher auch dir, weil du Sommerferien hast – wichtig ist, wie sich das Wetter entwickeln wird. Wir alle wollen natürlich gerne vorher schon wissen, ob es einen schönen, heißen, sonnigen Sommer oder eher einen durchwachsenen, kühlen, nassen Sommer geben wird.

Was kann uns der Siebenschläfertag wirklich vorhersagen?

Man darf diese Bauernregel nicht ganz wörtlich nehmen.

Der Siebenschläfertag ist der 27. Juni – so steht es im Kalender. Jetzt könnte man denken, so wie das Wetter an genau diesem Tag ist, so bleibt es dann sieben Wochen lang. Ganz so einfach ist es aber doch nicht. Vielmehr geht es um die allgemeine Wetterlage am Siebenschläfertag. Dabei sollten wir allerdings nicht die Wetterlage am 27. Juni als Basis nehmen, sondern etwa eine gute Woche später den Himmel anschauen.

Warum muss man auf das Wetter eine Woche später schauen?

**Papst Gregor VIII
Erfinder der Kalenderreform
und damit unseres modernen
Kalenders**

Im Jahre 1582 gab es eine sogenannte Kalenderreform. Da wurde beschlossen, dass uns zehn Tage „geklaut" werden. Der Kalender, der davor galt, war nämlich ein klein wenig zu lang. Er kam nicht mit der Umrundung der Erde einmal um die Sonne in 365 Tagen hin, wie es eigentlich sein müsste. Es wurden also zum Jahresbeginn zehn Tage aus dem Kalender gestrichen. Der Siebenschläfer-Tag rutschte damit mehr als eine Woche nach vorne. Die Bauerregel wurde aber nicht gleichzeitig geändert. Wahrscheinlich mochten die Leute einfach ihren Siebenschläfer-Tag zu gerne.

Zudem wurde damals das Schaltjahr eingeführt, das heißt alle vier Jahre wurde ein 29. Februar hinzugefügt. Seitdem muss nichts mehr im Kalender gestrichen werden. Es sind nun keine Kalenderreformen mehr nötig, weil durch den jetzigen Kalender genau eine Erdumrundung der Sonne einem Jahr entspricht. Also: um diese Regel zu überprüfen, schauen wir nicht auf das Wetter um den 27. Juni, sondern auf die erste Juliwoche, denn die Bauern hatten diese Bauernregel schon aufgestellt, bevor der Kalender „repariert" und zehn Tage gestrichen wurden.

Und in diesem Zeitraum schauen wir, wie gesagt, auf die Großwetterlage. Also, wie insgesamt das Wetter ist. Da geht es um die Verteilung von Hoch- und Tiefdruckgebieten in der ersten Juliwoche. Sie verrät uns etwas über das Wetter der nächsten sieben Wochen. Dabei ist es schlau, auch nicht nur auf die Hochs und Tiefs in Bodennähe zu gucken, sondern in höhere Schichten der Atmosphäre. Da gibt es in 10 bis 15 Kilometer Höhe den sogenannten Jetstream, oder auf Deutsch: Strahlstrom. Jetstreams sind so etwas wie Autobahnen für den Wind. Hier werden Windgeschwindigkeiten von 250 bis 350 Kilometern pro Stunde erreicht. Sie haben eine

Jetstreams
Bildquelle:
Mopic
www.shutterstock.com

Bruno fragt: Aber warum heißt das ganze eigentlich Siebenschläferregel, wenn es doch gar nichts mit dem kleinen Nagetier zu tun hat?

Da gibt es eine Geschichte, eine Legende:

Sieben Brüder, die jungen Christen waren, haben in der Zeit der Christenverfolgung unter dem Kaiser Decus im Jahre 250 (das ist also schon ewig her) in einer Berghöhle Zuflucht gesucht. Sie wurden jedoch entdeckt und lebendig eingemauert. Der Legende nach starben sie aber nicht, sondern schliefen einfach fast 200 Jahre. Am 27. Juni 446 wurden sie zufällig entdeckt und befreit. Deshalb heißt der 27. Juni Siebenschläfertag.

Wellenform, bestehen also aus Wellentälern und Wellenbergen und lassen den Wind von West nach Ost wehen.

Sie sind mit dafür verantwortlich, wo bei uns am Boden die Hoch- und Tiefdruckgebiete verteilt werden und woher der Wind weht, letztendlich also dafür, wie bei uns das Wetter wird.

Es gibt zwei große Jetstreams auf unserer Seite der Erde: einen in den Subtropen, über dem südlichen Mittelmeer und Nordafrika, und einen etwas nördlich von uns. Der ist für unser Wetter natürlich am wichtigsten. Dieser Polarjetstream bestimmt, ob es bei uns einen schönen, warmen Sommer geben wird oder ob der Sommer durchwachsen, kühl und nass werden könnte. Wenn nämlich dieser Polarjetstream Anfang Juli recht weit im Norden liegt, dann wird der Sommer eher nass und kalt. Dann haben Tiefdruckgebiete bei uns das Sagen, die sich häufig über Island und dem Nordatlantik bilden. Der Wind kommt dann meist aus Nordwest und schaufelt kühle, feuchte Luft nach Deutschland.

Wenn aber der Polarjetstream weiter südlich liegt, dann drückt er förmlich die Tiefdruckgebiete weg und bringt als Ausgleich aus dem Süden warme oder sogar heiße Sommerluft zu uns. Dann stellt sich meist Hochdruckwetter, also Sonnenschein ein. Dann bildet sich das berühmte Azorenhoch, von dem man im Sommer immer wieder im Wetterbericht hört. Das Hoch heißt Azorenhoch, weil es sich über der Inselgruppe der Azoren bildet. Die Azoren findest du auch im Atlantik, sie liegen aber deutlich südlicher als Island.

Entscheidend ist für das Sommerwetter also, ob sich bei uns ein stabiles Hoch einnistet oder ob ein Tiefdruckgebiet das nächste jagt und uns wechselhaftes Wetter in der ersten Juliwoche bringt. Das heißt allerdings nicht, dass es dann durchweg schlechtes Sommerwetter geben wird. Zwischen zwei Tiefdruckgebieten besucht uns immer mal wieder ein Hoch, und man muss auch nicht die ganze Zeit bibbern. Aber es wird halt nicht so beständiges schönes Wetter geben, als wenn sich das Azorenhoch bei uns durchsetzen würde. Ein für unser Land „normaler" Sommer stände uns bevor.

Bildquelle:
www.colorstockphoto.com

Andersherum heißt es auch nicht, dass es nur schönes, sonniges Wetter gibt, wenn sich ein Hochdruckgebiet in der ersten Juliwoche bei uns breit macht. Hitzegewitter und auch ein paar Regentage kann es zwischendurch immer geben.

Die Siebenschläferregel hat demnach tatsächlich einen wissenschaftlich belegbaren Grund. Aber sie lässt sich nicht in allen Teilen Deutschlands gleich gut anwenden.

Allgemein trifft die Siebenschläferregel vor allem im Süden Deutschlands ganz gut zu, nämlich zu etwa 80 Prozent. Das heißt, vier von fünfmal hat sie recht. In der Mitte des Landes ist die Trefferquote nicht mehr ganz so hoch: 70 bis 75 Prozent, also in rund drei von vier Fällen. Im Norden Deutschlands, also an den Küsten könnte man dagegen auch fast würfeln, denn hier stehen die Chancen nur noch bei etwa 65%, dass die Siebenschläferregel zutrifft. An der See ändert sich das Wetter ja sowieso ständig, das weiß jeder, der dort einmal Urlaub gemacht hat.

Bildquelle:
Tatiana Popova
www.cshutterstock.com

Die Siebenschläferregel ist also eine gültige Wetterregel. Mit dieser Regel kannst auch du ein kleiner Wetterfrosch sein und vorhersagen, wie der Sommer in diesem Jahr wird.

Bildquelle:
olly
www.shutterstock.com

Gibt es beim Wetter Lügenmärchen?

Was ist das denn für eine Frage, lügen sollte man nie! Und Märchen beim Wetter? Es gibt leider schon so einige Sachen, die über das Wetter erzählt werden, die ziemlicher Humbug sind. Einige davon möchte ich dir hier zeigen.

Fangen wir mit dem 100-jährigen Kalender an:

Solche Bauernregeln wie den Siebenschläfertag gibt es viele. Irgendwann haben sich dann mal Leute hingesetzt und aus allen diesen Regeln einen speziellen Wetterkalender gemacht.

Vielleicht hast du schon einmal etwas über den sogenannten 100-jährigen Kalender gehört. Vor allem ältere Leute schwören auf ihn und sind sich sicher, dass darin richtige Wettervorhersagen stehen.

Die Idee dieses Kalenders war nicht schlecht, nur an der Umsetzung haperte es. Ein Geistlicher namens Dr. Mauritius Knauner lebte im 17. Jahrhundert im Bistum Würzburg in Oberfranken und interessierte sich für das Wetter. Damals war das Wetter für die Leute, die auf dem Land lebten, (und das waren die meisten), das Wichtigste überhaupt. Es war überlebenswichtig, denn eine verhagelte Ernte bedeutete, dass die Menschen hungern mussten. Deshalb beobachtete der Geistliche das Wetter tagtäglich und schrieb es auf. Das machte er

Bauer bei der Aussaat
Bildquelle:
Erhard Schön, ca. 1525
www.zeno.org, gemeinfrei

ganze sieben Jahre lang. Damals war die Wissenschaft noch nicht so weit wie heute. Dr. Mauritius Knauner dachte, es reicht aus, sieben Jahre lang das Wetter zu beobachten, um eine dauerhaft gute Wettervorhersage machen zu können.

Das Ganze erzählte er einem Freund aus Thüringen. Dieser Freund war ein guter Geschäftsmann. Er machte aus dem siebenjährigen Kalender einen 100-jährigen Kalender. Da der gute Dr. Knauner aber nur sieben Jahre beobachtet hatte, stand im achten Jahr wieder dasselbe im Kalender wie im ersten Jahr; im neunten Jahr das gleiche Wetter wie im zweiten Jahr, und so weiter! Der Kalender wurde gedruckt und in großer Auflage verkauft.

Bis heute kaufen Menschen diesen 100-jährigen Kalender und glauben an das, was dort drin steht. Und wie das so mit dem Wetter ist, manchmal passt es zu den Kalendersprüchen, manchmal nicht.

Kommen wir nun zu den Wetterlügen:

Die Erfinder von Wetterlügen lügen auch nicht absichtlich. Im Gegenteil, sie glauben ganz fest, dass sie die Wahrheit sagen, wenn sie zum Beispiel behaupten, dass das Wetter vom Mond abhängt.

Vielleicht sagt deine Nachbarin, wenn sie mit deinen Eltern am Gartenzaun plaudert, ab und zu: „Ich hab es doch gewusst, letzte Nacht war Vollmond und schon ist es mit dem schönen Wetter vorbei. Immer wenn es Vollmond gibt, ändert sich das Wetter, das beobachte ich schon seit Jahren."

Oder der Bäckermeister erklärt: „Also ich fahre nur noch bei abnehmenden Mond in die Ferien. Denn ich habe die Erfahrung

100-jähriger Kalender oder Bauernkalender

Bildquelle:
www.wikipedia.org

gemacht, wenn der Mond zunimmt, haben wir immer schlechtes Wetter in unserem Sommerurlaub."

Diese einzelnen Beobachtungen waren alle zu irgendeinem Zeitpunkt zutreffend. Dann aber haben die Leute gedacht, dass sei immer so. Der Bäckermeister zum Beispiel hatte einmal einen total verregneten Urlaub, und dann sah er auf dem Kalender, dass der Mond gerade zunahm. Dann nehmen die Leute einfach an, das sei immer so, ohne das genau zu überprüfen. So entstehen Wettermärchen und Wetterlügen. Aber ich kann dir versichern, der Mond hat nichts mit dem Wetter zu tun.

Vollmond gibt es ja alle 28 Tage. Die Mondphasen ändern sich im Vier-Wochen-Rhythmus überall auf der Welt gleichzeitig. Wenn bei uns Vollmond ist, scheint er an jedem Ort der Welt, auch in China, Südafrika, Alaska oder England. Wenn nun die Theorie von der Nachbarin oder dem Bäckermeister stimmen würde, dann müsste sich ja auch überall auf der Erde, in China und Südafrika, in Alaska und Köln, das Wetter zur gleichen Zeit ändern, von einem Tag auf den anderen. Das tut es aber ganz sicher nicht. Die Theorie von der

Nachbarin und dem Bäckermeister ist also falsch. Nicht gelogen, weil sie ja selbst daran glauben, aber trotzdem falsch. Ein Wettermärchen eben.

Kommen wir nun zu einem anderen Wettermärchen, das da heißt: Immer am Wochenende gibt es schlechtes Wetter! Manche Leute reagieren sogar ganz keck auf die Frage „Was folgt auf zwei Tage Regen?" mit der Antwort: „Montag". Das ist ein bisschen überspitzt, aber viele Menschen haben wirklich den Eindruck, dass es vor allem am Wochenende häufiger regnet und weniger Sonnenschein gibt, nachdem die Woche über eigentlich das Wetter ganz nett war.

Aber woher sollen die Hoch- und Tiefdruckgebiete eigentlich wissen, welchen Wochentag wir gerade haben?!

Um so eine Aussage wissenschaftlich zu untersuchen und zu belegen, müsste man sich das Wetter an einem bestimmten Ort mindestens 30 Jahre lang anschauen. Erst dann machen bei so unbeständigen Sachen wie dem Wetter die statistischen Aussagen Sinn.

Würde man zum Beispiel nur die Wetterdaten der vergangenen drei Jahre unter die Lupe nehmen, könnte es wirklich sein, dass sich verregnete, kühle Tage an den Wochenenden häufen. Aber das wäre keine Wetterregel. Das wäre einfach Zufall. Ungefähr so, wie man beim Würfeln an manchen Tagen viel Glück hat und drei Sechser in einem Spiel wirft, und an anderen Tagen nicht einen einzigen. Das ist Zufall, darauf hat man keinen Einfluss. Und genauso haben auch die Wochentage keinen Einfluss auf das Wetter.

Wir merken es ganz einfach am Wochenende nur eher, wenn das Wetter schlecht ist, weil wir uns da mehr wetterabhängige

Regenwetter
Bildquelle:
SVLuma
www.shutterstock.com

Beschäftigungen vornehmen. Eine Radtour zum Beispiel, oder ein Grillfest oder einen Tag im Freibad. Wenn nun das Wetter genau an diesem Tag schlecht wird, dann fällt uns das mehr auf und verärgert uns mehr, als wenn es an einem Montag regnet, wenn wir eh in der Schule sitzen oder am Nachmittag für die nächste Klassenarbeit büffeln. Das ist ein psychologischer Effekt. Den hast auch du sicher schon mal erlebt und den Eindruck gehabt, dass genau an den entscheidenden Tagen sich das Wetter zum Schlechten dreht. Aber wie schon gesagt: Woher soll das Wetter wissen, dass wir genau jetzt schönes, sonniges und warmes Wetter haben wollen?

Jetzt frage ich dich: Was heißt überhaupt "schönes Wetter"?

Jeder stellt sich unter schönem Wetter etwas anderes vor. Manche mögen es im Sommer richtig warm mit 35 Grad im Schatten. Anderen reichen auch 20 bis 25 Grad. Der Eine möchte Wind zum Surfen, der Andere Windstille beim Sonnenbaden. Da kommt das Sich-Wohlfühlen-Gefühl ins Spiel. Der Papa deines Freundes ist vielleicht ein bisschen dick und kommt leicht ins Schwitzen. Er mag wahrscheinlich eher den Winter, geht gern Skilaufen und kann mit 33 Grad im Schatten nichts anfangen. Deine Oma hingegen liebt vielleicht die Sonne über alles, friert sehr schnell und hat schon bei 10 Grad plus dicke Wollsocken an. Jeder empfindet Wetter und Temperaturen anders, und jeder reagiert aufs Wetter verschieden.

Menschen können sogar vom Wetter krank werden. Manche bekommen, wenn sie Urlaub in den Alpen machen, ständig Kopfschmerzen vom Föhn. Andere merken diesen Föhn überhaupt nicht, kriegen dafür aber sofort in der Sonne einen Sonnenstich, und

Strandwetter
Bildquelle:
Little Jack
www.morguefiles.com

Skiwetter
Bildquelle:
www.morguefiles.com

Kopfschmerzen
Bildquelle:
stockarch
www.morguefiles.com

Joggen
Bildquelle:
Jusben
www.morguefiles.com

ihnen wird übel. Wieder andere haben Heuschnupfen und bekommen bei Sommerwetter verquollene Augen und laufende Nasen.

Für diese Leute gibt es das Biowetter. Das sind Wetterberichte, die Menschen mit bestimmten Krankheiten davor warnen, dass sie das bevorstehende Wetter wahrscheinlich schlecht vertragen werden. Rheumaleiden, Kopfschmerzen, Migräneattacken und Kreislaufprobleme werden dabei mit am häufigsten erwähnt.

Dass es Menschen gibt, die auf bestimmte Wetterlagen reagieren, ist wissenschaftlich bewiesen. Diese Menschen nennt man wetterfühlig. Aber längst nicht jeder Mensch reagiert körperlich auf das Wetter, egal, ob er gesund oder krank ist.

Meist ist es eine Kopfsache: Wenn du dir z. B. ganz stark vornimmst, morgen im 100-Meter-Lauf ganz schnell zu laufen, dann gibst du dir besondere Mühe und wirst wirklich schnell im Ziel sein. Ein etwas anderes Beispiel: Wenn du auf keinen Fall rot werden willst, wenn Papa von einer deiner tollpatschigen Aktionen im Swimmingpool bei einer Familienfeier erzählt, dann wirst du mit Sicherheit knallrot anlaufen, und es wird dir sehr peinlich sein. Das heißt, unser Körper reagiert auch auf Dinge, die wir uns nur in unserer Fantasie vorstellen.

Um jetzt wieder aufs Biowetter zu kommen - lesen wir etwas über Kopfschmerzen und fühlen uns eh nicht so wohl, dann werden wir prompt das Gefühl haben, mit einem dicken Kopf herumzulaufen.

Aber am Biowetter und unserem Biorhythmus ist schon etwas dran. Es gibt bestimmte Wetterlagen, auf die unser Körper reagiert, der Eine mehr und der Andere weniger. Wenn zum Beispiel der

Luftdruck extrem schwankt, also in kurzer Zeit stark steigt oder fällt, dann bekommen manche Menschen Kopfschmerzen. Andere, die unter Rheuma leiden oder verheilte Knochenbrüche haben, spüren das Wetter "in den Knochen", oder sie bekommen Narbenschmerzen. Kinder sind da in der Regel wenig anfällig, ältere Menschen mehr.

Auf die Stimmung dagegen wirkt das Wetter bei fast jedem Menschen deutlich. Denk mal drüber nach: Hattest du nicht auch schon mal schlechte Laune, wenn es gerade regnete und du eigentlich etwas draußen unternehmen wolltest? Oder fühlst du dich nicht auch träge und schlapp, wenn es draußen zu heiß ist?

**Schlechtes Wetter –
schlechte Laune?**
Bildquelle:
beglib
www.morguefiles.com

Wir Menschen sind halt keine Wetterstationen, wir messen das Wetter nicht exakt, sondern wir empfinden es. Und zwar jeder ein bisschen anders!

Es gibt übrigens nicht nur Märchen darüber, wie das Wetter werden wird oder wie es auf uns wirkt, sondern auch über Dinge am Erdboden, die angeblich das Wetter beeinflussen können.

**Wolkenfront über
einem See**
Bildquelle:
Bob Orsillo
www.shutterstock.com

Immer mal wieder hört man, dass Flüsse oder Bäche Wetterscheiden sein sollen. Also Orte, an denen sich das Wetter ändert.

Einige Menschen wollen beobachtet haben, dass in einer Region ein Gewitter nicht über die Elbe kommt, oder noch extremer, dass ein Regenguss am Mittellandkanal Halt macht. Das sind auch nur Wettermärchen. Stelle dir doch mal vor, du bist eine Gewitterwolke. Du bist zehn Kilometer mächtig, mehrere Hundert Meter breit und lang und regnest und gewitterst dich über Sachsen aus. Auf einmal siehst du die Elbe, dein Herz fängt an zu klopfen. Du bekommst Panik und legst den Rückwärtsgang ein, damit du als Gewitterwolke bloß nicht auf der Ostseite der Elbe abregnen musst.

Würdest du diese Geschichte glauben?

Gewitterwolken haben keinen Vorwärts- oder Rückwärtsgang. Sie haben auch keine Augen, mit denen sie Flüsse, Bäche oder Seen sehen könnten. Dafür braucht die Gewitterwolke aber auch keine Augen, um ein anderes Hindernis zu sehen und davor zu stoppen: die Berge. Der Wind drückt die Wolke gegen die Berge. Die sind höher und kräftiger, denn sie bestehen aus Stein und nicht aus kleinen Wassertröpfchen und Eiskristallen wie die Gewitterwolke. Und bei diesem Kampf harter Stein gegen kleine durchsichtige Wassertröpfchen gewinnt der Stein und damit das Gebirge. Die Wolke drückt gegen den Stein, kann nicht weiter und regnet sich davor aus. Das haben wir ja auch im Kapitel über den Föhn erfahren. Auf einer Bergseite regnet es wie aus Eimern, und auf der anderen ist herrliches Wetter. Hohe Berge und Gebirge kann man deshalb durchaus als Wetterscheiden bezeichnen.

Auch eine Großstadt wie Berlin oder Hamburg kann das Wetter beeinflussen. Städte bestehen aus ganz vielen Häusern und Straßen, also aus Unmengen Stein und Beton und Teer. Diese haben die Eigenschaft, dass sie sich schnell aufheizen und die Wärme speichern. Wenn du dich zum Beispiel im Sommer auf eine Steinmauer setzt, die in der prallen Sonne steht, und dabei eine kurze Hose an hast, dann könnte dir ziemlich schnell die Kehrseite weh tun. Die Mauer ist so heiß, dass man darauf kaum sitzen kann. Am Abend allerdings, wenn die Sonne schon untergegangen ist, ist es ein Vorteil, dass die Mauer die Wärme des Tages noch unheimlich lange speichert. Dann du wirst entspannt auf dem warmen Stein der Mauer sitzen können. Eine Großstadt ist wie so eine Steinmauer. In der Innenstadt ist es immer wärmer als in den Außenbezirken. Das ist nachts wie auch tagsüber so.

Wenn nun eine Gewitterfront auf die Stadt zugezogen kommt, dann fallen die Gewittergüsse und Schauer in der Stadt häufig heftiger aus als in den ländlichen Regionen um die Stadt herum. Das ist so, weil in der Stadt durch die gespeicherte Wärme mehr Energie vorhanden ist. Gewitter saugen sich dann quasi aus der Stadtwärme noch einmal neue Kraft und wüten dann so richtig heftig mit Blitz und Donner.

Sehr große Gewässer wie der Bodensee beeinflussen das Wetter umgekehrt: da sie im Sommer meistens kälter sind als die darüberliegende Luft, entziehen sie dieser Luft Wärme. Dadurch kondensiert die Luftfeuchtigkeit schneller, und es können sich Regenwolken bilden.

Also: Sowohl Berge als auch große Städte und große Gewässer können das Wetter regional, das heißt, einem bestimmten Ort, etwas verändern, Flüsse und Bäche aber nicht.

Jetzt kennst du alle wichtigen Wettermärchen und kannst sie widerlegen.

Wälder speichern das Regenwasser, zum Beispiel im Moos, und geben es nur langsam durch Verdunstung wieder ab.
Durch diese Verdunstung ist es in den Wäldern kühler als in der Umgebung.

Bildquelle:
Paula Cobleigh
www.shutterstock.com

Gratuliere, kleiner Wetterfrosch!

Nachwort

Ich hoffe, mein Wetterbuch hat dir gefallen, und du hattest Spaß beim Lesen und Experimentieren und bist jetzt etwas schlauer als vorher, was das Wetter betrifft.

Ich wette, du weißt jetzt mehr über das Wetter als die meisten Erwachsenen und bist gut ausgerüstet für deine ersten Versuche als Wetterfrosch.

Ich bin mir sicher, die eine oder andere gute Wetterprognose wird dir gelingen.

Danke fürs Lesen!

Deine Michaela

P.S.: Schau mal auf meine Webseite, www.michaelakoschak.de/buecher/, da wirst du noch einige zusätzliche Informationen finden, die dieses Buch ergänzen!

--- und natürlich auch:

Dein Bruno!

Wettersymbole
Bildquelle: kladej
www.shutterstock.com

Index